Banzhuren Gongzuo de
Lilun yu Shijian Tansuo

班主任工作的
理论与实践探索

张代富 著

北京师范大学出版集团
BEIJING NORMAL UNIVERSITY PUBLISHING GROUP
安徽大学出版社

图书在版编目(CIP)数据

班主任工作的理论与实践探索/张代富著. —合肥:安徽大学出版社,2013.3(2014.11重印)

ISBN 978-7-5664-0406-0

Ⅰ.①班… Ⅱ.①张… Ⅲ.①班主任工作 Ⅳ.①G451.6

中国版本图书馆 CIP 数据核字(2013)第 051787 号

班主任工作的理论与实践探索

张代富 著

出版发行：北京师范大学出版集团
　　　　　安 徽 大 学 出 版 社
　　　　　(安徽省合肥市肥西路 3 号 邮编 230039)
　　　　　www.bnupg.com.cn
　　　　　www.ahupress.com.cn
印　　刷：安徽省人民印刷有限公司
经　　销：全国新华书店
开　　本：148mm×210mm
印　　张：7.5
字　　数：212 千字
版　　次：2013 年 3 月第 1 版
印　　次：2014 年 11 月第 2 次印刷
定　　价：15.00 元
ISBN 978-7-5664-0406-0

策划编辑：钟　蕾　　　　　　装帧设计：李　军
责任编辑：王先斌　　　　　　美术编辑：李　军
责任校对：程中业　　　　　　责任印制：赵明炎

版权所有　侵权必究

反盗版、侵权举报电话：0551—65106311
外埠邮购电话：0551—65107716
本书如有印装质量问题,请与印制管理部联系调换。
印制管理部电话：0551—65106311

前　言

　　班级是中小学学校教育、教学工作的基本单位,班主任是以班级为工作对象的教育岗位。学校一般委派一名教师担任班主任,全面负责一个班级学生的各项工作。班主任是全班学生的组织者、教育者和管理者,是学校领导对学生进行教育和管理工作的重要助手和骨干力量,是联系各学科任课教师、学生集体组织的纽带,是联结学校、社会和家庭各种教育力量的桥梁。在普遍要求全体教师都要努力承担育人工作的情况下,班主任的责任更重,要求更高。同时,加强中小学班主任工作,对于贯彻党的教育方针,全面推进素质教育,把加强和改进未成年人思想道德建设的各项任务落在实处,具有十分重要的意义。

　　中小学阶段是青少年人生观、价值观、世界观形成的关键时期,是他们知识、能力、素质水平的奠基阶段。一所学校、一个班级的教育水平如何,直接影响着学生终身的发展,影响着一代公民的综合素质,决定着一个地区乃至一个国家、一个民族的前途和命运。所以,教育工作者责任重大,肩负着国家和民族未来的使命。

　　一位校长的教育思想、教育理念和管理水平,直接影响着一所学校的办学水平。同样,一位班主任的教育思想、教育理念、管理水平和教学能力,也会影响一个班级的教育质量。班主任不仅要关注学生的学习,还要关注学生的政治、思想、品德、心理等方面的发展;不仅要管理好本班学生,搞好教学工作,还要协调与本班其他学科任课教师、其他班级、学校其他部门以及学校领导之间的关系;不仅要关心学生的在校学习生活,还要关心他们在社会、家庭的受教育状况等……班主任不仅是育人工程的设计师,同时也是一个个具体的人才产品的工艺师和验收师。一个班级的教育教学质量和水平,主要取决于班主任的品德、情感、能力、水平和责任心。

十年树木,百年树人。教育产生效益的周期较长,滞后效应明显。所以,教育工作归根结底其实是个"良心活"。由于青少年身心发育发展还不成熟,他们思维敏捷而经验不足,充满好奇而是非观念模糊、判断和辨别美丑的能力不足,热情高涨而意志薄弱、耐力不够,容易出现浅尝辄止、一曝十寒的现象。所以,学校和老师在教育过程中不仅要晓之以理、动之以情、导之以行,而且要把重点放在培养学生各方面的良好习惯和坚韧的意志上,使学生学会自我规划、自我管理、自我控制、自我教育。正因如此,学校无闲人,人人在育人;班级无小事,事事皆教育。也正因如此,才体现了教师职业的崇高与神圣。

时代在变革,教育在发展,教师在提高。三百六十行,行行出状元。中小学生的绝大多数时间在学校度过,他们的思想观念、知识水平、理想追求、甚至言谈举止都会受老师尤其是班主任的影响,班主任可以把学生当作一件件作品精心雕琢,在他们身上倾注和凝炼自己的情感,寄托和实现自己的期望,延续和拓展自己的理想。所以,学生的形象、作为、成就和业绩就是班主任的名片,就是班主任不朽的业绩。

经济在发展,社会在进步。在知识爆炸时代和智慧时代悄然而至的今天,终身学习、与学生相互学习已经成为必然。我们必须更新观念,更新知识,改进方法,抢占现代班主任工作的制高点。

本书在新课程理念的指导下,紧密结合班主任工作实际,以全新的理念和科学的方法,坚持理论联系实际、深入浅出、通俗易懂、具体实用的原则,通过具体的工作案例,为班主任提供解决工作中各种疑难问题的方法和思路,具有可读性、针对性、启发性、可操作性等特点。希望它的出版对于推动班主任工作朝着专业化、系统化和科学化方向发展起到一定的促进作用。

本书在写作过程中,参考和借鉴了一些书籍、网络、杂志中的资料,吸取了国内外专家、学者的研究成果,借鉴了班主任大量的实践经验，在此表示衷心的感谢。由于受篇幅所限，借鉴的参考资料和书目恕不一一注出。本书中引用的一些资料和案例，未能及时与作者联系上，还望作者体谅。

由于本人水平有限，加之时间紧迫，本书定有许多不妥或不足之处。诚望广大读者对本书给予批评指正。

目 录

第一章 班主任工作概述 (1)

第一节 班主任工作职责与规范 (2)
第二节 班主任的角色定位 (16)
第三节 班主任工作的任务及内容 (33)
第四节 班主任工作的特点及意义 (49)
第五节 班主任工作的原则 (60)
第六节 班主任工作系统的结构与功能 (74)

第二章 班主任专业化发展 (79)

第一节 班主任专业化——目标、追求、过程 (79)
第二节 班主任专业化建设中的自身素质欠缺问题 (84)
第三节 班主任应走专业化之路 (88)
第四节 班主任专业化发展的误区 (96)

第三章 班主任基本修养与素质 (105)

第一节 班主任的基本修养 (105)
第二节 班主任的能力素质 (121)
第三节 班主任的文化素质 (151)

第四章 班级活动与管理 (161)

第一节 班级活动的意义、特点及类型 (161)
第二节 班级活动设计 (167)
第三节 班级管理的任务和内容 (181)
第四节 班级管理的基本原则 (187)

      第五节　班级管理实践中的误区 …………………………（190）

第五章　学生思想道德教育探讨 ………………………………（193）

　　第一节　当前中小学德育工作现状及对策 ……………（193）
　　第二节　班主任德育工作的方法 ………………………（198）
　　第三节　"时尚学生"呼唤"时尚德育" …………………（200）
　　第四节　网络德育：学校德育新天地 ……………………（207）

第六章　班主任工作艺术 ………………………………………（211）

　　第一节　后进生转化艺术 ………………………………（211）
　　第二节　批评学生的艺术 ………………………………（216）

参考资料 …………………………………………………………（227）

第一章 班主任工作概述

　　在中小学阶段，班主任岗位具有不可替代性。班主任工作对学生的发展、和谐校园的创建都有着举足轻重的作用。班主任既要对班集体进行全面教育、管理和指导，又要负责教学，任务艰巨。因此，班主任工作不容忽视，应该得到社会和家长的足够重视。

　　进入21世纪以来，社会的发展对学校教育提出了新的挑战，相应地对中小学班主任工作也提出了更高的要求。随着我国经济改革的进一步深化与发展，社会生活日益开放，人的思想观念日趋复杂。新的形势对学校教育提出了相应的改革要求，摆在学校面前的教育任务越来越艰巨。在这种背景下的中小学学校教育中，班主任工作具有极其重要的作用。班主任向上要对学校领导负责，向下要对全体学生负责，横向还要妥善处理好本班与学校各个平行班级之间、各个部门之间、各位任课教师之间的关系，同时要建立与家庭、社会的必要联系。班主任对学生的教育和影响是最经常、最直接、最具体、最有效的。因此，社会发展对学校教育的挑战，说到底是对中小学班主任工作提出了新的、更高的要求。班主任不能像过去那样靠经验的积累开展工作，而需要经常研究班级工作的新情况、新问题、新发展，及时了解社会生活以及学生思想的新动向、新趋势、新特点，学习有关班主任工作的理论知识，改进班主任工作方法，努力探索新时期班主任工作的客观规律，逐步走上科学育人的轨道。

第一节　班主任工作职责与规范

一、班级与班主任

班级是学校开展教育活动的基层组织,是现代学校普遍采用的基本教学单元。班级教学的产生和发展,是人类教育史上的一次伟大飞跃,是教育专门化过程中继学校产生之后的又一个划时代的里程碑。

班级是学校教育的基层管理组织,学校的教学、学生的思想品德教育、文化体育活动等都是以班级为单位进行的。班主任是班级教育的组织者、领导者和管理者,负责班集体日常的活动和管理工作,以保证学生在团结和谐的环境中全面发展、健康成长。

二、班主任的职责

班主任是教师队伍中的重要部分。与普通教师的工作职责相比,既有共性,更有个性,因此,国家对班主任的工作职责有着特殊的要求。《中学班主任工作暂行规定》提出中学班主任的根本任务及职责是:"按照德、智、体、美全面发展的要求,开展班级工作,全面教育、管理、指导学生,使他们成为有理想、有道德、有文化、有纪律、体魄健康的公民。"可见,整个班风、班貌,包括学生个体道德发展水平、学习态度与学习成绩、身体素质等的建设,在很大程度上取决于班主任的教育效果、管理才能和协调艺术。

1. 教育职责

首先,教育学生明确学习目的,端正学习态度。班级的主要活动和任务是教学,学生的学习成绩与其将来的发展前途有着密切的联系。因此,班主任应该把主要精力用在指导学生的学习上,激励他们刻苦钻研、锲而不舍,应该教会学生怎样做,帮助学生改良学习方法,使他们乐于学习、学会学习。

其次，教育学生关心政治。班主任应该深入、耐心、细致地做好每一个学生的思想政治工作，把"德"的因素渗透到学生的学习、生活、劳动和社会实践的各个方面，对本班学生进行包括社会主义信念、爱国主义精神、集体主义精神、社会主义公德和文明礼貌等各个方面的思想品德教育，以提高学生的道德评价能力，培养学生高尚的道德情操和良好的道德行为习惯，加强学生的道德实践能力。

2. 管理职责

学生的学习和其他活动都是按集体方式进行的，而有效的教学往往又与有效的领导紧密相联。班主任是班集体的领导，所以班主任必须具有良好的领导作风、品质和才能。

首先，班主任需具备组织和管理学生的能力。班主任面对个性特点各异的学生，既要使他们遵守统一的纪律、有秩序地活动，又要能充分调动学生的主动性，使学生处于主体地位，生动活泼地进行学习。这就要求班主任依据班级学生不同的心理特点、年龄特征，并依据教育规律，提出有鼓舞作用的目标和计划，进行恰当的委托，树立正确的舆论导向，对班级学生实施有效的管理。

其次，班主任需具备较强的组织和管理班集体的能力。健全的班集体是一股巨大的教育力量，它既是班主任工作的目的，也是借以进行教育的手段。向学生不断地提出共同的奋斗目标是组织和培养班集体的核心，因为集体奋斗目标可以产生内聚力，这种由目标产生的内聚力，可以使学生对集体产生依恋并对其自身产生鞭策力和约束力。因此，班主任适时调整和改进管理工作，对教育学生思想、培养学生品质、增长学生知识以及树立团结互助的集体意识具有重要的作用。

3. 协调职责

班主任要与任课教师、家长、团队组织及社会有关方面相互配合，形成统一的教育力量，共同做好学生的教育工作。

首先，要协调好任课教师之间的关系，充分发挥其核心作用。教师的劳动形式一般是个体的，而成果却是长期集体劳动的结晶。班主任要建设一个优秀班集体，为每一个学生的未来打下良好的基础，与各任课教师的亲密协作就具有特殊的意义。各科教学并不是孤立进行的,各任课教师应该互通情况、互相配合、交流情况,分析学生思想和学习上存在的问题,共同研究解决办法。

其次,要重视、发挥团队组织的作用,使班级工作和团队工作协调起来,为搞好班级工作而共同努力。青少年心理和生理都处在突变的时期,他们的人生观和世界观也大都在这个时期初步形成,因此,班主任应该积极主动地关心和帮助共青团、少先队开展活动,搞好组织建设工作,使班、团、队活动形成统一的整体。

再次,应协调好学校、家庭、社会三者之间的关系,争取家庭和社会有关方面的密切配合。家庭有着其他组织所不能替代的教育作用,家庭教育和学校教育协调一致才能起到强有力的协同作用。因此,要开好家长会,鼓励家长参加班级活动,加强学校和家庭的联系。同时,班主任还应组织学生搞社会调查,借助各种力量教育学生,抵消社会的消极影响,让学生在实践中增长才干、明辨是非。

最后,班主任要善于处理好上下级的关系。对上一级要尊重,这是取得支持和帮助的前提;二要相互了解,这是取得支持和帮助的途径和基础。

参考

某中学班主任岗位职责

赵国柱

1. 在校长与政教处、教导处领导下,负责本班学生的思想、学习、劳动和生活的教育与管理,全面了解和研究学生,保证学生身心健康发展,制定并实施班级工作计划,做好班级工作总结。

2. 根据《中学德育大纲》、《中小学生守则》和《中学生日常行为规范》等有关法规,运用多种形式向学生进行政治思想、道德品质、行为规范教育,逐步使学生具有坚定正确的政治方向、高尚的道德品质、良好的行为习惯。

3. 会同任课教师一道培养学生的优秀学习品质,教育学生明确学习目的,端正学习态度,掌握科学的学习方法,不断提高学习成绩,较好地完成学习任务。

4. 指导并帮助学生组织丰富多彩的校内外文体活动、科技活动、公益劳动和社会实践活动。教育学生上好体育课、课间操,培养学生良好的卫生习惯,协助学校贯彻体育与卫生工作条例。

5. 培养和建设好班集体,指导班委会、团支部的工作,发挥团队、班级干部的模范作用,培养好学生干部,提高学生自理能力,创设和谐氛围,把班级建设成团结友爱、奋发向上的集体。

6. 联系、邀请任课教师共同商量班级工作,协调各学科的教学、课外活动和减轻作业负担等问题。

7. 做好学生的个别教育工作。从每个学生的个性特点和具体情况出发,因势利导,尤其要做好学生非智力因素的开发,做好后进学生的转化工作,努力帮助每个学生进步。

8. 做好学生的操行评定,在有关部门领导下做好学生的奖惩工作,处理好本班学生的偶发事件。

9. 做好家访等社会联系工作,配合学校开好家长会,努力争取家庭和社会对班级工作的支持。

10. 积极完成学校分配的其他工作。

三、班主任工作规范的要求

班主任要履行好岗位职责,必须遵循一定的教育工作规范。班主任工作规范是在学校教育工作中约定俗成的行为规范。班主任工作规范化是班主任履行岗位职责的前提和保证。

(一)提高自身修养

1. 把握时代脉搏

班主任工作要体现鲜明的时代感,在教育内容和教育手段上,要和时代适应;同时,班主任工作具有强烈的使命感,要以教育学生成人成才为己任。

2. 储备丰富知识

班主任既要有马列主义的政治理论修养，还要掌握基本的哲学知识和教育教学理论；既要具有精深的专业知识，还要有广博的相关学科知识。

3. 铸造美好心灵

班主任要有丰富的内涵和高雅的气质，具有人格魅力；有无私的奉献精神和健康的心理品质；要以自己的人格魅力引导和塑造学生。

4. 探索科学方法

班主任要努力探索辩证施教的教育方法、民主科学的管理方法、具体可行的操作方法。

5. 发展全面能力

班主任要有高超自如的教育教学能力、深刻敏锐的观察分析能力、缜密有方的组织管理能力、机智灵敏的应变能力、沉稳冷静的自制能力、生动艺术的语言表达能力等。

（二）树立正确理念

1. 德高为师，身正为范

班主任要有健全的人格和高尚的情操，遵纪守法，忠于祖国，坚守正义。

2. 公平公正，师生平等

班主任要牢固树立"没有差生，只有差异"的理念；要尊重学生人格，追求师生民主平等。

3. 以人为本，素质第一

班主任要关爱每一个学生，同时在教育学生的过程中坚持原则，宽严有度，以全面提高学生素质为宗旨，以培养学生学会做人、学会做事、学会求知、学会共处为目标。

4. 爱岗敬业，乐于奉献

班主任工作是平凡的，但是班主任要以班级为平台，立足平凡岗位，追求卓越成就；清贫守节，在平凡的工作岗位上作出伟大的贡献，实现个人的价值。

（三）提高工作技能

1. 制定班级工作计划

班主任在制定班级工作计划时，要保证计划的可操作性；要使班级计划和学校整体工作保持一致；在计划的形成中，要征求任课教师和学生的意见，通过民主程序予以确认。

2. 实施计划和调整班级工作计划

班主任要深入了解学生，做到足勤、目勤、口勤、手勤、脑勤；坚持以微调性、简易性和实用性原则调整班级工作。

3. 构建和谐班集体

（1）选拔、培养班干部，加强团队建设。要遵循公平竞争、民主选举、指导性与实践性相结合、示范性与训练性相结合、实用性与合理性相结合、民主性与制度性相结合的原则。

（2）建设良好的班级文化。班级物质文化建设主要是指搞好班级（教室）环境布置；班级精神文化建设主要是指培养班级的凝聚力和集体荣誉感，培养学生责任感和诚信美德；班级制度文化建设主要指利用规章制度、公约、纪律等培养学生的法制意识和法制精神，促使学生养成遵纪守法的自觉性。班级文化建设必须结合本班实际，依靠学校、家长、社会和其他老师的配合与支持。

（3）上好德育活动课，配合学科开展课外兴趣小组等实践活动。

（4）构建班级、家庭、社区教育网络。联系学校与家长：成立家长委员会、家长学校，召开家长会，保持通信联络等。联系学校与社区：建立固定的活动场所，建立校外辅导站，与校外教育机构保持联系。

（5）构建学生和谐生活：

①培养学生良好习惯：舆论宣传，加强认识；制定规范，强化行为；反复纠正，形成自然。

②培养学生健康心理：清醒的自我意识；愉快地接纳自己；良好的注意品质；良好的思维品质；珍惜友谊，乐于与人沟通；强烈的上进心；坚强的意志；勇敢的精神；同情心、感恩心、责任心和爱心。

③培养和发展学生学习兴趣：重视发展学生的非智力因素，进行学习目的教育，激发学生学习的需要和兴趣；通过诱导、迁移和提问等方式进行学习兴趣的培养。

④增强学生体质：提高学生对身体健康重要性的认识；传授必要的健康知识；培养良好的健康习惯；协助体育老师上好体育课；坚持合理的作息制度。

⑤确立科学的学生评价体系：注意评价观念的激励性和发展性；评价内容的整体性和综合性；评价主体的多元化和多样化；形成性评价和终结性评价相结合；定性评价和定量评价相结合。

四、班主任工作规范化的意义

从班主任队伍建设的意义上讲，班主任工作规范化是新时期教育对班主任队伍建设的整体性的素质要求。新时期对学校教育以及班主任工作提出了更高的要求，班主任工作只有遵循一定的规范，逐步走上规范化的道路，才能造就高素质的班主任队伍，保证这支学校教育生力军的教育水平和能力不断提高。

而从班主任素质要求的意义上讲，班主任在新时期应当具备的基本素质，也是班主任专业化的基础。班主任工作专业化，是未来教育发展的趋势。专业化的教育，可以为学生提供更加良好的、全面的教育，而专业化的基础就是规范化，如果基本的工作规范都不能遵循，专业化也就无从谈起了。

案例

某中学班主任工作规范

杨素青

1. 一日常规：每日必须深入班级，了解学生学习、生活状况。

（1）每日卫生要求：每天上午早读前和下午第一节课前，督促值日生搞好教室和公共活动区的卫生；放晚学前督促值日生倒干净垃圾桶内的垃圾。

(2)早读:在班上督促学生认真进行早读。

(3)课间操:班主任要站在本班队伍的前面,检查出操人数,督促学生排好队,认真做好广播操。

(4)午休:稳定学生情绪,让学生迅速安静下来,自觉午休。

(5)每天检查课堂日志,及时了解学生的学习状态。

(6)如有时间可多下到班上或巡视班上的学生,可不定时巡堂,也可利用眼保健操、晚修等时间巡视,及时掌握学生的动态。

2.关于请假:把好请假关,家里有事请假须让学生出示家长证明,有病请假后要检查请假学生的医院证明或药费单。

(1)请午休假:统一使用放行条,学生提出正当的请午休假的理由,班主任批准后再交德育处批准才生效。

(2)请晚修假:学生写好请假条,家长加签意见,交班主任批准后再交年级组长批准。

(3)请事假:学生写好请假条,家长加签意见,交班主任批准后再交德育处批准;如遇急事或急病来不及请假,可用电话请假或在回校上课当日及时补假。

(4)学生无故不回校上课,班主任必须当天内通知家长。

3.关于与家长联系:用多种形式与家长沟通。

发现学生有较明显的进步、某方面有突出表现、情绪或学习上有较大波动、经常违纪等现象后须及时与家长取得联系,形式视具体情况而定:

(1)家访(一学期学校将安排1~2次集体家访)。

(2)邀请家长到校。

(3)电话联系、托学生带信等。

(4)成立家长委员会。

4.关于处理突发事件:班主任要及时掌握班里的一切动态,沉着、冷静地处理偶发事件。

(1)遇到学生晕倒或其他疾病,要及时联系校医和年级组长。校医如处理不了,要通知德育处或司机把学生及时送往医院;如学生患传染性疾病,应及时报告德育处,并做好隔离处理。

(2)遇到学生打架斗殴,要及时制止,防止事态的进一步恶化和扩大,首先让双方住手并冷静下来,然后马上通知年级组长和德育处。

(3)如在班主任下班后,该班学生出事并需要班主任协助处理,该班主任应尽快赶到指定地点,协助处理事件。

5.《学生手册》上的学生评语:每学期填写一次,提倡手抄,也可打印,但必须签名。

每学期的学生评语要以学生日常表现的素材为依据,做到评价客观真实、准确科学,具有引导、教育意义。所以,班主任必须协同全体任课教师在日常教育教学活动中积累素材,观察学生各方面的表现,及时记下来,提前动手写。评语要秉笔直书,既不夸张也不隐瞒;以鼓励为主,写成"温馨评语"。

(1)内容:包括学习、纪律、工作表现,参与活动所取得的成绩、有待改进的地方。

(2)语句通顺、不写错别字。

(3)尽量避免学生评语的过多重复。

(4)上交德育处检查后再填写到《学生手册》上。

6.学生档案的填写:要用黑色钢笔填写,内容要客观,用词要得当,成绩要准确。

7.关于月度清洁卫生:分工协作、落实到人。

班主任要下去检查、督促,让学生按质按量完成学校交给的清洁任务;经卫生督导组或校医检查,有做得不合要求的区域要及时补做。

8.关于组织学生外出活动:必须做到安全第一。

(1)自己班外出活动要有详尽的计划,必须上报德育处和教导处审批,绝对不能在学校没有同意的情况下擅自组织学生外出活动。

(2)学校组织的外出活动要积极参与,带好本班学生。

9.关于学生辍学:耐心劝导、手续齐全。

当学生不回校上课、有辍学苗头时,班主任要做充分的思想工作。要及时在学生缺席两天内进行家访,耐心劝导学生以学业为重,返校上课。在劝导无效的情况下再请家长到校办理退学手续,其步骤为:

(1)学生写好退学申请,家长签名。

(2)在约定时间到校办理退学手续。

(3)将退学申请书提交德育处备案。

10.上交存档的资料:按时上交。

(1)开学两周内上交班主任工作计划。

(2)期末上交:进步生名单、后进生转化登记表、全勤生名单、优秀干部推荐表、三好学生推荐表、班主任总结、班会课备课手册。

(3)每学年交一篇德育论文。

11.关于后进生的转化:多点儿耐心和爱心。

(1)深入了解,真诚理解。班主任要深入了解造成这些学生落后的原因;了解学生的志趣、爱好、才能、思维等;真诚理解和对待学生,既要对他们从严要求,指出他们的不足,又要理解他们、关心他们。

(2)充分信任,循循善诱。班主任在做转化工作时,不能持有偏见,应对他们充分信任,要善于捕捉他们身上的闪光点;不能成为高高在上的说教者,而应成为他们可依赖、可信任的朋友。

(3)密切配合,落实措施。班主任还要注意充分挖掘家教的潜力,主动与家长联系,共同研究、制定转化方案,要及时向家长通报其子女取得的每一点成绩;要重视社会环境的影响,努力争取社会的支持,经常与村委会、居委会等基层组织取得联系,形成学校、社会、家庭三位一体、密切配合的教育体系。

(4)整体配合、分级转化。根据后进生的程度不同,分级转化教育。总体上分为:班后进生(主要由班主任转化教育);级后进生(主要由年级组长转化教育);校后进生(主要由政教处转化教育)。同时,要做到班、级、校协同努力。

12. 关于班会课：加强正面教育，定期开好主题班会。

班主任除了认真上好平时的事务性班会课外，还应结合学校各个时期的中心工作，或以一些重大的节日、纪念日为契机开好主题班会，每学期规定上两节（其中一节是公开课）。班主任要认真备好每一节班会课，多积累素材，定期上好主题班会课。

五、理解和运用班主任工作规范，做好常规工作

班主任工作常规是学校班主任在日常工作中的基本要求和行为规范。

（一）班主任工作常规是学校文化的重要组成部分，也是学校文化长期积淀的结果

班主任工作常规有以下三个基本的特点：一是规范性，班主任工作规范是在学校教育工作中约定俗成的行为规范。二是正确性，班主任工作常规反映的是学校教育对人生发展的正确导向。三是创新性，班主任工作反映的是一定社会时代对教育的要求，也是学校教育工作对班主任工作的基本要求，并随着时代的发展和教育改革而不断地改变，这种不断的变化使班主任工作充满了教育生命的活力。班主任工作常规也是对人的发展行为发生长期影响的重要因素。

班主任在自身发展中学习班主任工作常规，对于丰富教育管理知识，提高理论水平，深化班级管理认识，增强班级管理能力，提高班主任队伍的整体素质，促进学校素质教育，具有重要的教育实践意义。

（二）社会发展对教育、对人才培养不断提出新的要求

新时期班主任工作面临着新的挑战：伴随知识经济的发展，社会需要的主要是知识型的劳动者，即能够从事知识和信息的收集、处理、加工及传递工作的劳动者。随着科学技术的飞速发展，人力资源的竞争将成为社会最激烈的竞争。在21世纪，具有高度科学文化素

质和人文素养的劳动者，必须具备两个条件：一是要掌握基本的学习能力，即具有阅读、书写、口头表达、计算、思维和解决实际问题的能力；二是要具备基本的知识、技能，正确的人生观、价值观和处世态度。时代在变迁，人们对教育的期待和要求在不断地变化，也在不断地提高，人们的教育观念也在不断地更新。新时期对学生的要求是学会学习、学会生存、学会关心、学会创造。无疑，班主任工作也必须适应这一变化和要求。

（三）教育改革促使班主任重视自身建设

基础教育课程改革，对教师的工作、班主任的工作提出了新的教育要求。一个长期从事教育工作的教师，也许在以前是一个优秀的教师，对教育作出过贡献。由于教育形势发生了新的变化，人们对教育的评价也发生了根本性的改变。教育改革在不断深化，如果不学习，不能够及时改变教育观念、提高教育素质，以前有贡献的优秀教师在未来的教育中也可能会落伍。

（四）教育观念的不断转变对班主任提出了新的规范

由于人们的教育观念在不断转变，人们对于班主任工作的认识、要求、判断和评价也在发生着变化。一个班主任也许过去曾掌握对学生行之有效的教育管理方法，在今天，如果还用传统的班级教育管理常规来要求现在的学生，往往会出现事与愿违的尴尬状况。新时期的学校班主任工作，需要打破过去的工作常规，遵循新的工作规范。比如，以前的班主任在工作中对学生可能进行讽刺挖苦，在今天就是属于教师的违法行为。以前的学习制度中要求学生"上课要集中注意力，认真听老师讲课，不交头接耳，不左顾右盼"，这些制度在以老师为中心、以知识为中心的教育背景下，在进行知识灌输的课堂教学中是适宜的；而新课程改革中，在强调学生的主体作用、提倡课堂小组活动的背景下，如果再用老的学习制度来规范学生，就行不通了。在评价学生的过程中，过去认为"听话的学生是好学生"，有独特个性的学生是"头上长角,身上长刺",而新课程改革主张学生在学习中能够提出不同的意见,能够创造性地学习,教育要注重发展学生的个性。如此等等,都需要有新的管理规范。

总之,在新的教育形势下,班主任要真正做好班级教育管理工作,就要不断学习和研究班主任工作常规。这一课题不仅是教育专家的事,更是班主任的事,需要班主任能够在工作实践中开展系统的实践研究。

参考

新班主任的"七个第一"

王桂荣

在十几年的教学实践中,我深深地体会到:教师留给学生的第一印象,容易使学生产生一种"先入为主"的心理定势。新班主任教师第一次与学生接触时,更需要注意自己的形象。为此,特别注意处理好七个"第一"。

见**第**一次面。学生认识、了解班主任是从第一次见面开始的。班主任要根据自己的实际,尤其是职业的特点和要求,来设计自己的形象。班主任从第一次站在学生面前就应做到:穿戴整洁、得体、大方,仪容端庄,面带微笑,给人一种和蔼可亲、舒适和谐之感。班主任第一次与学生谈话时,务必表现出对学生的热爱、关心和体贴,务必注意建立情感上的双向联系,以最大努力争取第一面给学生留下"永远知心朋友"的印象。

上**第**一次课。第一节课是班主任教学水平的首次展现,必须做好充分准备。班主任不仅要在教学内容上做好准备,还要在课堂语言、表情、方法等方面下工夫,同时需细致了解所教学生的认知和心理特点,做到有的放矢。还应力求留给学生热心教学、知识渊博、方法独特、实效明显的良好形象。比如从教学过程来说,教学目标要明确,层次要清楚,能突出重点和突破难点;从教学语言来说,语言要生动、幽默、有趣、通俗易懂、有感染力、手势、体态恰当，表情丰富；从教学形式来说，教学方法灵活得当，教学步骤紧凑严密，教学用具科学高效；从教学意境来说，要做到民主和谐、气氛活跃、引人入胜。只有这样，班主任才能树立威信，赢得学生爱戴。

写**第一**次板书。班主任老师在新学生面前第一次板书的过程，实际就是首次向学生"推销"自己的过程。字体工整、正确美观、布局合理、重点突出、简练清楚的板书，让学生看上去就是一幅美丽的画面，学生不仅学到了知识，还得到了美的熏陶和感染。

改**第一**次作业。班主任老师对新学生的第一次"劳动成果"进行批改时，学生往往十分重视，印象也非常深刻，因此应特别认真、严格、仔细，不得有丝毫马虎。这不仅能给学生留下严格要求、一丝不苟的印象，而且能起到"绩效强化"的作用。

办**第一**件课堂事件。课堂教学是一个动态的过程。主体是座位上的几十个学生，意料之外的事件随时都有可能发生。班主任遇此情况，要表现出高度的教育教学机智，能迅速作出反应，及时采取有效措施，力求给学生留下沉稳、灵活、机智的印象。

开**第一**次班会。班主任开的第一次班会是对其综合能力尤其是管理能力的展现和检阅。一定要精心组织、周密安排，表现出班主任较高的政治素质和组织才能，留给学生政治思想水平高、组织管理能力强、工作方法有实效的良好印象。做到上述几点，关键是"施政演说"。在内容上——符合学生实际、站在学生角度、讲话有的放矢，能解决学生的"急""难""盼""怨"；在语言上——精练准确、生动幽默、铿锵有力、符合学生口味；在效果上——鼓动性强，具有较强的吸引力和感染力，达到一石激起千层浪的效果。

作**第一**次家访。班主任的第一次家访，会给学生尤其给家长留下深刻印象，会对今后班主任和家长合作教育培养学生产生深远影响。家访时，班主任应主动与学生打招呼，并伴有亲切的微笑；应诚恳地与家长交流,全面了解学生、家庭环境及家长的教养方式。这样既可以拉近家长和学生与老师的距离,又可为班集体建设和学生全面健康成长奠定基础,也增强了学校尤其是班级对学生的吸引力。

第二节 班主任的角色定位

学校教育是一项复杂的培养人的活动,是为社会造就人才的工作;班级作为学校教育的基本实施单位,其教育效果直接决定着学校的教育质量。一个好校长就是一所好学校,一个好班主任就是一个好班集体。

班主任在整个班级的管理中,扮演着十分重要的角色,起着非常关键的作用。班主任的角色定位不准确,或者角色转变得不太好,必然会影响班主任的工作方式和效果。为使班主任在班级管理中顺利进行角色转变,首先要给班主任角色准确定位。

一、班主任必须明确自己扮演的角色

一个合格的班主任必须明确自己在班级中所扮演的角色。

1. 良师角色

班主任在学生全面健康的成长中起着导师的作用。它包括韩愈所说的"传道,授业,解惑"和徐特立所说的"人师"(教行为,就是怎样做人的问题)与"经师"(教学问)两重概念。

2. 益友角色

班主任是良师,也须是益友。在做朋友时,不能忘了"人师"的导向和"传道"的职责。因此,班主任不仅要做学生的密友——分享他们的欢乐,分担他们的忧愁,为他们排忧解难,同他们休戚相关,做到忧欢与共,推心置腹,随和不傲,亲密无间;更要做他们的诤友——当他们有了错误、缺点,敢于直截了当地批评教育,绝不含含糊糊、遮遮掩掩,不能文过饰非、姑息迁就。这才是完美的益友角色。

3. 严父角色

古人说:"严是爱,松是害","教不严,师之惰"。班主任对班级、对学生,要管如严父,一丝不苟,在学习上严格要求,在纪律上严加管教。并且,要严出于爱,严而不凶,严而有理,严而有度,严而有格。

4. 慈母角色

班主任"不仅是严父,更应是慈母"。尤其是在生活上,班主任对学生要有慈母的爱心,并由此产生耐心、关心和同情心,做到爱如慈母,无微不至。这是密切师生关系、取得教育成效的前提。

5. 伯乐角色

班主任要强化伯乐角色意识,具有伯乐识良才的慧眼,在与学生相处中,善于发现他们的长处,因材施教,帮助他们挖掘潜能,及时引导,扶植他们发展自己的强项。要相信学生人人有志,人人有智,伯乐角色就要求不埋没、不压抑、不忽视这种"志"和"智",切实做到善于发现人才、培养人才、举荐人才,为各种各类人才的成长创造有利条件。

6. 领袖角色

领袖角色也称领导者角色。班主任是班集体的核心人物和最高领导,是一班之"主",应起主导作用。班主任的领导风格对于良好班风的形成和学生的个性及学习习惯形成都具有重大影响。无论是班干部能力的培养,还是学生自治自理能力的提高等,都直接依赖于班主任的领导、管理和组织的才能。班主任应该深刻懂得"管而不教则死,教而不管则乱"的哲理,善于把班级组织成一个民主和谐、团结友爱、朝气蓬勃、奋发向上的集体。

7. 设计师角色

班主任是班集体建设的设计师,要认真运用教育学、心理学的理论和方法,在调查研究和科学分析的基础上,在主客观条件许可的范围内,根据学校德育工作的总目标和时代发展的新要求,提出一种理想的班级模式和蓝图,作为建设良好班集体的目标,进而组织全班同学,通过各种途径,采取有效措施,坚持不懈地为实现这一美好目标而共同努力。

8. 指挥员(者)角色

班主任应该以指挥员的姿态、风度、胆识来领导班级,来指挥班集体内的几十名"战士"。一场战役成败与否,作战指挥员的水平高低是重要原因之一;一个班级要建设好,班主任就应该充分发挥主导作用。

9. 引导者角色

建构主义理论告诉我们:学生的成长是一个主动建构的过程。他们关注的焦点是我们教育活动构成的依据。班主任的教育活动应从学生的兴趣、需要和原有水平出发,不断调整和生成与教育目标相适宜的教育内容,从而促成学生的兴趣、需求和原有水平与教育目标的结合,最大限度地实现自身主动的、合乎教育目的的发展。班主任是班集体的核心人物,对班级工作的开展具有十分重要的作用。班主任能否以引导者的角色,在发现学生关注的焦点的同时引发学生自主成长,决定了班主任教育工作的成败。同时,班主任的管理风格对于民主和谐的良好班风、积极主动的学生个性、自主自理的学习习惯的形成及班干部能力的培养也具有十分重大的影响。再者,班主任还应站在引导者的角度,对本班学生的课余生活进行全面的指导;要指导本班的团、队工作,充分发挥学生组织的作用;要指导家庭教育,使家庭教育与学校教育保持一致。班级要建设好,学生要教育好,方方面面都需要班主任统筹兼顾,精心设计,合理安排,巧妙引导。

10. 协调员(者)角色

这个角色的协调作用体现在以下六点:(1)协调班级各学科任课教师之间的关系,使其形成良性组合,同舟共济,发挥最佳效力。(2)协调班级学生与任课教师之间的关系,正确处理师生之间发生的矛盾,树立尊师爱生的良好风气。(3)协调班委会与团支部及少先队之间、干部与干部之间、干部与学生之间、学生与学生之间的关系,形成和谐、团结、向上的人际关系氛围。(4)沟通班级学生与学校领导及各职能部门之间的关系,做好上通下达的工作。(5)以正确态度处理本班同兄弟班级之间产生的矛盾,加强与兄弟班级之间的团结,形成平行班级之间既互相竞争又相互合作的新型关系。(6)沟通学校、家庭、社会三大教育渠道的关系。

11.塑造者角色

教师,特别是班主任老师,不仅是人类文化的传播者,而且是青少年一代灵魂的塑造者,"不仅发展学生的智力,而且发展情感、意志品质、性格、集体主义思想"。学生的道德、信仰和人生观、世界观的形成,除了来自书本、社会、家庭的影响外,最直接、最具体、最深刻的影响,还是来自教师,特别是班主任。所以,班主任应非常注意以自己良好的品格影响学生。

12.保健员角色

现代社会人们对健康的理解包括生理健康和心理健康两个方面。学生正处于长知识、长身体的时期,他们的生理和心理正处于迅速发展、剧烈变化时期。在此时期,班主任要对全班几十个学生的生理、心理健康发展负责,要积极主动地配合有关教师扮演保健员的角色,使学生身心健康地成长。在生理健康方面,要培养教育学生养成讲究起居饮食卫生的良好习惯,坚持锻炼身体,不挑食,保证充足的营养,不吸烟,不喝酒,克服不良嗜好。在心理健康方面,要着重培养和锻炼学生的心理健康素质,培养学生感受和体验快乐,保持愉悦的心境和情绪,形成积极向上的、客观现实的人生目标;培养学生的自控能力,保持较高的学习和工作效率,以达成既定目标;培养学生不怕失败、耐受挫折的能力,做到"得意不忘形,失意不气馁";培养学生寻求外在支持、改善人际关系的能力,学会借外力克服面临的危机、缓解承受的压力;培养学生真实、稳定、统一的自我,防止自我统一性的混乱。

13.爱的给予者

班主任扮演着既使学生感到亲切、温暖、关怀,又严格要求的角色。学生常把老师看成家长,对老师甚至比对父母还尊敬。优秀班主任都应像父母那样疼爱学生,关心学生的生活、营养、发育和卫生健康。但这绝不是姑息纵容和溺爱,而应是理智的爱、对学生负责的爱。

二、发挥班主任角色体系的整体功能

班主任角色是一个有机整体,是一个完整体系。人们的任何一种有目的的行为,从其现实性上来讲都是一个有机的系统,班主任工作也是如此。班主任角色体系是以班级组织者、引导者和教育者为主线而构成的一个系统,在这个体系当中的任何一个角色都是为这三者服务的,但因其地位和作用的不同而表现出不同的层次。无论各个角色在实际工作中的作用大小,它们都是一个相互影响、相互渗透、相互制约、不可分割的有机的整体。这一体系当中的任何一种角色被忽视,或者其功能得不到应有的发挥,那么,整个班主任工作的成效都会大打折扣。从实践上来看,班主任在开展工作时,并不是某一个角色单独在起作用,而是各种不同的角色都在发挥着自己的功能。问题的关键是,我们能否有意识地把班主任所扮演的不同角色纳入一个体系当中,分清各自的地位和作用,把握它们不同的层次,因时、因地、因人来发挥不同角色在班级管理中的独特作用,并使它们相互配合、相得益彰、各尽其能。这一点对提高班主任工作成效、促进学生主动成长具有不可忽视的重要作用。

在学生的素质培养中,班主任所扮演的不同角色不是孤立的,而是一个有机联系的角色体系,发挥着整体效应。发挥班主任角色体系的整体功能,是为了全面提高学生素质。在班主任角色体系中,不同的角色在班级学生的素质培养中有着各自独特的作用,是不可取代的。塑造者和伯乐的角色对学生素质的培养起着主导的作用,调节、控制着人才的发现、培养和塑造;良师益友和严父慈母角色为学生素质的最终完成提供了保证。班主任只有成功地扮演良师益友和严父慈母的角色,才能保证塑造者和伯乐角色作用的充分发挥;同时,作为良师益友、严父慈母,其目的也是为了发现人才、举荐人才、塑造人才。设计师的角色起着定向的作用,能为学生的成长和班级的管理描绘蓝图,指明前进的方向;引导者的角色保证学生的发展是积极主动的自主建构的过程;协调员的角色帮助排除学生发展中的障碍;保健员的角色使学生的发展达到身心和谐。在此,设计师角色最终作用的发挥,依赖于引导者、协调员、保健员作用的发挥;而引导者必须协调班级各方面的教育力量,使其形成一股合力,共同促进学生的成长;同时,班主任也必须成为保健员,以促进学生身心的和谐发展。总之,班主任角色体系中各角色作用的发挥是相互影响、相互促进的整体,其中任何一个角色扮演不到位,都会使其整体作用的发挥大打折扣,使培养学生的素质水平受到一定的影响。

更为重要的是,所培养学生的素质水平还取决于各个角色之间的组合。各角色的组合是多样的,但其中必有最佳的结构。最佳的角色组合结构因人、因事、因时而异,无固定模式。同样是严父慈母,对于不同的学生,会有不同的侧重;教育同一个学生,在教育的前后,所扮演角色的组合会有所不同;同样是班主任工作,在班级的教学工作中和学生组织的教育活动中,其不同角色作用的发挥会轻重不一。因此,新时期的班主任,必须充当好多种角色,创建最佳的角色组合结构,充分发挥班主任角色体系的整体功能,为人才素质的培养和提高打下坚实的基础。

总之,在大力倡导素质教育的今天,在提倡"以人为本"理念的新形势下,班主任只有强化自己的多重角色意识,掌握扮演各种角色的技艺,构建好自己的角色体系结构,创建最佳的角色组合结构,充分发挥其整体功能,进行创造性的工作,才能更出色地完成所肩负的繁重而艰巨的任务,培养出现代社会所需要的高素质的人才。

三、班主任角色定位的误区

随着课程改革的逐步深入,新课程的理念逐渐深入人心,传统师生关系正发生着深刻的变化。在对班主任工作的认识和实践上,班主任作为管理者、教育者、协调者,其内涵正不断得到修正和丰富;同时,学习者、设计者、学生良师益友等角色获得广泛认同和积极实践。班主任的多重角色成为新课程的实践要求。

但在实际工作实践中,许多班主任不能正确定位自己的角色,尤其是刚开始担任班主任工作的年轻教师。有的班主任单纯地重视班主任的某些角色,例如对学生像慈母一样,对学生犯错误也很宽容,结果使班级纪律变得很差,也影响了班集体的学习氛围。而有的班主任则过分强调"师道尊严",对学生苛求有加,包容不足,结果弄得学生都有抵触情绪,反而影响了班主任工作的效果。总体而言,班主任应该注意以下误区:

误区 1:单纯强调师道尊严

长期以来,教师在教育管理学生时容易陷入一种角色误区,即把自己扮演成绝对权威的角色形象;而学生只能唯师命是从,否则将受到严厉惩处。这种教育状况,显然不利于民主平等的班级自治氛围的形成,不利于学生的思想品德素质培养。因此,应把班主任角色定位于"组织者"、"协调者"和"引导者"的角色。你想要新时期的学生信任你,在他们心目中树立威信吗?那就请你放下班主任架子,做学生忠诚的朋友,关心、爱护他们,以诚相待,以心相交,宽宏大度,公平合理,对好生不偏爱,对差生不歧视,让学生感到你可亲可敬,平易近人,从而愿意在你的指导下健康成长。倘若你拉开架势,时而讥讽,时而哄骗,时而流露出不耐烦、漫不经心的情绪,说"真是一代不如一代!""如果你当众检讨承认,就放过你!""你本事真大呀!哼!""是呀,谁有你这么聪明透顶!""你们就知道吃、玩,都不要学算了!"那你将失去学生的信任,也不能使学生在希望中前进。苏霍姆林斯基说过:"孩子们对教师冷若冰霜、不动感情的态度,对教师总是想站得比孩子们高一头而不为他们的事情动心的态度,是从来不谅解的。"

误区 2:什么事都由自己干

一些班主任本着对工作全面负责的精神,事无巨细都自己亲自过问,结果自己很辛苦,班干部都乐得清闲,但班级工作成绩却不尽如人意。班主任应该意识到,学生是管理班级的真正主人。要科学地进行班级自治管理,就要善于调动学生参与班级自治管理的积极性和自主性,建设一支思想端正、纪律严明、能力突出、职责明确的班干部队伍。

误区 3:刻板教条枯燥乏味

班主任在整个教育活动中,可根据学生爱美的特点,对学生进行艺术熏陶。如说话中借用优美奇妙的名言、格言、对联、谚语、歇后语等进行语言感染;选择适当时间、地点展示古今中外杰出人物的心灵美、精神美,以陶冶学生的高尚情操、美丽心灵,鼓励学生用歌声、绘画、舞蹈、体育、动作、形象表现美、创造美,等等。缺乏艺术的熏陶而只有枯燥的话语、乏味的活动,就难以拨动、震撼学生情感的心弦。

误区4:不能协调学生和家长的关系

学生在校犯了错误大多不愿告诉家长,在家做了错事也不愿告诉老师和同学。学生在校犯了错误之后,班主任应帮助学生分析错误的起因,共同寻找改正缺点、错误的方法。如果动不动就要学生请家长到学校来,不仅让犯了错误的学生认为老师无能,而且会损害学生的自尊心,学生甚至产生消极、对抗情绪。再者,学生家长也会处于进退维谷的境地。还有,个别性急的家长听了老师的反映,对孩子轻则大发雷霆,重则拳脚相加。学生在校犯了错误,应尽量依靠学校力量解决,班主任当然也可选择适当的时间进行家访,在融洽的氛围中采用适当的方式,当着学生的面向家长反映某些问题,以求共同配合,共同寻求育人良方。

误区5:厚此薄彼

班主任把教育工作的立足点放在找学生的毛病、防范学生犯错误、矫正学生的过错行为上。这样,班主任在学生眼里就成了专门"给人找毛病"、"寻麻烦"、"整治人"的人。即使教育者针对的问题是真实的、态度是诚恳的、方法是灵活的,但由于教育的立足点有偏差,没有看到学生身上存在的积极因素,也容易被学生认为是"不友好"、"捉俘虏"的"敌对"行为,从而产生对教育者的对立情绪和逆反心理,使教育工作发生功能障碍。

一些班主任对学生因人而异,不能公平地对待学生。同一个班的学生,不分成绩好与差,相互间是平等的,应互相尊重。俗话说:一个人的手指还有长短,更不用说学生的学习成绩。如果班主任在班上过多地表扬某同学,会使该同学与同学间的关系疏远,在师生之间、同学之间形成不和谐的气氛,不利于进行正常的教育教学。

案例

如何定位班主任的角色

郑立平

无论从事什么职业,对自身角色的认同,不仅决定着我们的理念和行为,还直接影响着工作质量。随着班主任工作专业特色的日趋强化,"怎样科学定位班主任的角色"作为支撑班主任"主业"性的一个重要话题也日益引起我们的思考和重视。

一、工作实践中的困惑与思考

在班主任工作中,我们经常会遇到这类事情:

午饭后,几个同学在议论:"我们有多长时间没上音乐课了?""但愿下午第一节课不再被其他老师抢占!"上课铃响了,教音乐的李老师还没有出现,大家焦急地等待着,心里隐隐有些不快。

果不其然,没等班主任王老师急匆匆地站稳讲台,许多哀叹、不满的声音就不绝于耳。"同学们,中考临近,复习时间非常宝贵。这节音乐课我们就先不上了,请大家拿出语文课本,准备上课!"王老师的话音刚落,李伟忽地站起来问:"老师,我们已经有好几周没上音乐课了。这次,你为什么又占用音乐课?""为什么?这个班我说了算,我叫它上啥就上啥!你身为班干部,竟然带头顶撞老师。滚!滚回家去!我的班里没有你!"素以严厉著称的王老师火冒三丈,那吼声把学生们吓得发抖。"我就不走,你凭什么赶我?我没错!"那学生也不甘示弱……

李伟是我一个同学的儿子。当同学又打来电话询问时,已经是他第二次送孩子上学被王老师拒收了。原来,由于家庭气氛比较民主,再加上同学夫妻俩平日工作都很忙,对孩子"管教"少一些,所以孩子独立意识很强,个性非常突出。当有些事情班主任处理不妥时,他常表示不服,并进行质疑、争辩。于是,就发生了本文开头一幕。

怎么办?或许学生不该当着全班同学的面质问班主任,但是对于一个把班级看成私有产品、什么都"说了算"的教师，我又能说些什么呢？在他眼中，学生是"附属物"，甚至是奴隶，他拥有绝对的权威，"叫你干啥，你就干啥"，不能有丝毫的违抗。这种错误的观念，已经明显扭曲了班主任首先是一个教育者的本质角色，使班主任变成了一个特殊的"小官"，变成了一个纯粹的"管理者"。

无独有偶，笔者就曾亲眼目睹这样的现象：一家长领孩子去找班主任刘老师谈事，孩子很有礼貌地问候："老师好！"谁知家长听后训斥孩子："这孩子真不会说话，应该叫刘主任！"的确，一个好班主任，在家长眼中是至高无上的。但是，这种神圣的荣誉和地位更多来自"教"和"育"的魅力，并不是"当官"能当来的。有很多人总喜欢把班主任看成管理班级和学生的"官"。这样，就把班主任置于一种尴尬的境地：他必须去管人、管事。于是，就产生了非常奇怪的现象：有许多班主任在忙忙碌碌的管理中，忘记了自己首先是一个教育者，而只会颐指气使地指挥、要求、批评。

许多班主任，就这样教了一辈子书，只留下劳累的身心，没有找到当班主任的感觉；更有甚者，辛辛苦苦干到退休，即使被评为优秀教师 N 次，还是没找到当班主任应有的感觉。有人两眼紧盯学生错误不放，找到的是当警察的感觉；有人动辄训斥、指责，找到的是当监工的感觉；有人喜欢不断发号施令，找到的是当官的感觉；有人动辄扣分、罚款，找到的是当经理的感觉……很明显，对班主任角色认识的迷茫和错位，主要是因为混淆了"教育者"和"管理者"两种身份。

二、从教育的本质属性，探寻班主任应有的角色

班主任到底要做一个教育者还是管理者？怎样的角色更有利于班主任工作？解决了这个根本问题，对提升班主任工作的价值、提高班主任工作的质量和艺术，无疑都有巨大的帮助。

我们探究教育的本质属性，可以举出古今中外很多教育大师的经典论述。"教育即生活"、"教育即生长"、"教育即经验的

改造"是杜威教育理论中的三个核心命题;"依照自然的法则,发展儿童的道德智慧和分析各方面的能力"是卢梭对教育本质的定义;"为完满生活做准备"是斯宾塞的教育本质观;而通过"格物""致知"而至"诚意""正心"(树立正确的道德观),最终达到"修身"的目的(形成完善的人格),则是孔孟一脉教育思想的相承。

诸如此类对教育本质的阐释,实际上都可以抽象出这么一个基本共识:教育的根本目的在于对受教育者人格的完善,即塑造受教育者的健全人格,使之不断地趋于完美。而管理却不是这样——它重规则的执行而轻习惯的养成,重外在行为的表现而轻个体人格的养成,重单向度的接受而轻个性化的创造、思考。可见,教育的本质属性中,并不排斥外在的管理,但这种成分比较少。

为了更好地理解"教育者"和"管理者"的区别、联系,我还专门查过不少资料。《说文解字》中对"教育"二字是这样解释的:"教,上所施下所效也;育,养子使做善也。"从这里,我们可以清楚地看出,使别人效仿为善的榜样的力量,是教育者立足的基础。《现代汉语词典》第五版505页,对"管理"作了如下解释:"①负责某项工作使顺利进行:管理财务,管理国家大事。②保管和料理:管理图书,公园管理处。③照管并约束(人或动物):管理罪犯,管理牲口。"很明显,"学生"既不是某项工作,也不是某处地方,所以只有第三种释义比较符合。也就是说,"管理者"更多是依靠权力、强势去管制、监督、规范别人。一个靠自身榜样的影响,一个靠优势地位的强压,两者在角色、内涵上有巨大的差别。教育者不是管理者。教育是一个生成的过程,更不能用管理的功利之心和执行意识来衡量。这种巨大的差别将直接影响到学生身心的健康成长。

我经常想,当学生没有完成学习任务时,当学生将事情弄得一团糟时,当学生心里不快故意找茬打闹时,当学生因你的严厉斥责冲你瞪眼时……他们最需要的是什么?是批评,还是帮助?

实践告诉我们,一般情况下,都是后者!他们最需要的是帮助!帮助他们冷静下来,帮助他们走出困境,帮助他们调整心理,帮助他们取得进步,帮助他们仰起笑脸。就如圣人孔子,他不会指责学生,更不会恐吓学生,他只是含笑地、亲切地注视着每一个弟子,希望他们说出自己的想法,然后作出一定的评价,他不会把自己的观点强加给学生。但在单纯的管理者看来,就大不一样了:我操着生杀大权,管着你;你是我的下级,我要是不想让你讲话,你就不能讲话,我要是说谁不好,你不能说谁好;我也不管有没有道理,我有权可以管你,我的存在就是为了管你。于是乎,教育就变成了军事训练,教育就变成了完成任务,失去了孕育、生长、自由绽放。

但是,对一个班主任而言,这两种角色又不能截然对立。他首先应是个教育者,其次才是管理者,而且管理必须建立在教育的基础上,是为教育服务的。所以,我们要做"教育型的管理者"。"教育型管理者"比之与"单纯管理者",前者重规范,后者重发展;前者是以人为本,真正为学生着想,后者则几乎是以自我为中心,他们考虑的更多的是自己的"业绩"。

三、从一个真实案例入手,进一步进行探析

为了更好地认识两者的区别,我们通过一个经典案例进一步来透视和分析。1996年10月,联合国教科文组织下属的一个工作机构在日本东京组织了一次国际中小学教师、学生联欢活动,共有20多个国家和地区的410名教师参加。我国也从北京、广州、上海选派了9名教师、9名学生参加。在联欢活动中,组织者设计了一个问题,要求各国(地区)选派2名教师讨论后作出简单回答。问题是:大杰克和小杰克是孪生兄弟,都是14岁,正在某学校读书。他们住地离学校比较远,家长给他们配了一辆轻型汽车作交通工具,让他们开车上学、回家。这兄弟俩由于好睡懒觉,经常迟到。有一天上午考试,他们因在路上玩耍而迟到了20多分钟。老师查问原因时,他们谎称汽车在路上爆了胎,到维修店修补耽误了时间。老师悄悄到车库检查了他们的汽车,发现四个轮胎都蒙着厚厚的灰尘,没有被拆卸的痕迹,从而知道他们说了谎话。请问:假设你是他们的班主任,你将怎样处理?

教师们经过短暂讨论后,交上了20份答卷。其中几份如下:

(1)中国教师:一是当面严肃批评,责令写出检讨;二是取消他们参加当年各种先进评比的资格;三是通知家长进一步管理。

(2)美国教师:幽默地对兄弟俩说:"假设今天上午不是考试而是吃冰激凌和热狗,你们的车就不会在路上爆胎了。"

(3)俄罗斯教师:给兄弟俩讲一个关于说谎有害的故事,然后问他们:近来有没有说谎?

(4)以色列教师:提出三个问题,让兄弟俩分别在两个地方同时回答,然后让他们自己对照。三个问题是:A.爆的哪个轮胎? B.在哪个店修的? C.修补费是多少?

从这几份答案可以看出,中国教师只关注"学生撒谎"的事实,处理方式重在对学生进行批评和惩罚;至于学生为什么撒谎、能不能自己认识到撒谎的错误,并从内心接受老师的批评教诲、引以为戒等,都一概不问,是比较典型的管理型教师。美国教师轻松幽默,但不忘引导提醒;俄罗斯教师晓之以理,促其自省;以色列教师的处理,可谓经过了精心设计,巧妙的方式既能让学生在处理过程中认识错误,感到自责,受到教育,又给师生创造了一个非常好的沟通机会,可以为以后深入交流奠定良好的基础。这里面渗透着教育智慧。

事实也充分证明了这一点。活动主持者把20份答案翻译成多种语言文字,分送给200多个学生,请学生评选出自己最喜欢的处理方式。结果,以色列教师的处理方式最受学生欢迎,占91%;中国教师的处理方式最不受学生欢迎,没有一个人赞成。前者重在研究,充满尊重,促使学生自省;后者简单粗暴、无原则扩大事态、不尊重孩子的自尊。同样一个问题,因教师自认的身份不同,产生了千差万别的处理方式,而不同的处理方式,则会对学生的身心产生不同的影响。

所以,有人说,衡量一个班主任的真正水平,往往要看他们如何对待"非评比"一类的问题。因为缺少人文因素的评比量化往往是管理者最常用的手段。比如,有的班主任,对于自己班级的学生摆出一副唯我独尊的样子,好像自己是一个武断的老板,对学生颐指气使、态度专横。当他发现学生只要有日常规范没有做到位,轻则不分青红皂白地一番批评,重则上纲上线叫来家长。有时还振振有词地说,是为了让学生养成良好的行为习惯。殊不知,这样急功近利的管理行为,不仅收不到好的教育效果,而且为学生的人格发展埋下了隐患。

四、班主任的双重角色能否走向和谐统一

班主任就其所做的很多班级工作来说,的确是一名管理者。日常规范的形成、班风学风的建设、奖惩措施的实施,都离不开管理的手段。太轻视管理,必然会导致班级秩序的混乱,甚至连正常的教学工作都无法开展。所以,在做教育者的同时,班主任还必须扮演好管理者的角色。

但是,问题的核心是:管什么,怎么管?我们不是上级任务的"传声筒",不是学校事务的"跑堂小二",更不是班级的管家、警卫。我想,做管理者并不代表我们必须纠缠于这些琐碎的事务,管是为了不管,管理的目的始终是为教育服务,教育毕竟是慢的艺术,一切不能内化到学生心里去的外在形式,都与教育的科学精神相违背。管理,好比是给花木修剪枝叶;而教育,则是从研究它们的习性开始,注意水分、阳光、营养。

缺少了教育的管理,只能使学生变成被管理的机器,没有自己的思想,没有自己的灵魂。这也正是为什么有许多孩子在学校里规规矩矩,而一旦走出校门则粗俗放肆的重要原因。比如,学生可以背出如何讲究卫生的规则条例,但面对生活中的破坏卫生现象,却是熟视无睹。为什么学生被教成了这个样子?因为他们是为管理而"活",因管理而"做",而管理的方式就是在学校里你必须按这些要求去说、

去做。至于走出校门，离开了教师的视线，所有的规矩就都成了泡影。久而久之，就造成了许多孩子的双面人格。可悲的是，这样的条条框框，有许多还被冠以科学的名义。真是荒谬！

长期以来，班主任的教育职责经常被漠视和遗忘，所谓手勤、腿勤、眼勤、嘴勤的"四勤"成为优秀班主任的评价标准。于是，大多数班主任就像一头总在低着头拉车的老黄牛，我们看不到他学习、思考，也看不到他和学生的沟通交流，更没有因材施教、循循善诱。殊不知，管理的核心是"理"，而不是管。不尊重规律、不调查研究、不规划思考、不追求效益的"管"，只能导致班主任的忙乱、疲惫和班级管理的机械、武断。

比如，学生早恋是令任何班主任都感到头疼的问题，但是，我们又必须面对时代发展带来的这种现实。怎么办？有一次与某重点高中学生面对面交流，对优化我们处理这类问题的思维和方法有特别意义。

交流中一男生忽然问："张老师，你说为什么不让我们高中生谈恋爱？"是啊，我们整天对学生大讲特讲"不准谈恋爱"，可到底为什么呢？这是许多学生一直在追问父母、老师的问题。看来，一个强制性的"不准"并不能简单了事，千叮咛万嘱咐的"耽误学习"也不能让学生真正认识。

如何帮助学生走出思维的死角？略作停顿，我笑着反问："是吗？是老师不让你谈恋爱吗？"另一个大胆的男生学着老师的声音说："不好好学习，净想些乱七八糟的坏事！谁再敢以身试法，毫不客气，坚决开除！"这话引起全场学生的哄堂大笑，在场的许多教师都为我捏了一把汗。谁知我故作惊讶地说："哇！这就是老师的不对了。好像我国任何一条法律法规都没有规定'不准高中生谈恋爱'。据我所知，像你们这个年龄的那些没有考上重点高中、普通高中而被迫回家务农的学生，即使你不想谈恋爱，有些父母也在催孩子找对象了吧？"话刚说完，立即引起全场师生的共鸣，许多人点头认可，也有学生在悄悄说："是啊，我有两个没上初中的小学同学，早就订婚了。"

我不紧不慢地继续说："我也是一个农村孩子。小时候我家里有一棵大枣树。那时,生活条件不好,根本没有什么水果吃,吃几颗香脆甘甜的枣儿,真是一种幸福。每年秋天,我都盼着枣儿快点成熟。偶然发现枝头红了一个,就赶紧想方设法用竿子打下来。结果,一看,被虫子咬了。再打一颗,还是被虫子吃过的。后来,我就总结出一条经验'早熟的枣儿易生虫'。同学们,一颗熟透喷香的果子和一颗青涩酸苦的果子,你愿意选哪一颗呢?"一学生站起来大声说:"那还用说吗?除非是傻子,不然都知道应该选熟透了的。"这话让我精神一振,"这位同学说得太对了!当然,如果有人非要选那颗酸涩的果子尝一尝,本也无可厚非,但却很不明智,非常愚蠢!"

"同学们,其实,老师们都是为你们着想,既然你们的身心还没有成熟,既然你们的主要任务还是学习,那就先不要考虑恋爱之类的问题,更不能陷在感情的漩涡里!因为你们年龄还小,自我约束能力还弱,人生经验也欠缺,所以,很多时候会控制不住自己,因此就需要老师的提醒和帮助。"看着大家露出笑脸,我知道,到这个时候,同学们的心里已经豁然开朗。"最后,张老师想送给大家一句话:'既然你心中还有更大的梦想,那就不要因为路边的野花而迷失了前进的方向!'"

后来,那个学校的校长笑着告诉我:"张老师,你讲得太好了。现在一有学生出现恋爱的苗头,许多同学就提醒他(她)说:'你别做傻事呀,吃被虫子吃过的枣儿闹肚子。'同学们的学习积极性明显提高了。"其实,我只不过讲了几句实话而已。在平常的教育教学中,或许,正因为我们缺乏思考、生硬武断的"禁",把事情搞得神秘兮兮的,反而愈发增加学生偷尝禁果的好奇。如果班主任能引导学生理解老师的用心、明白其中的道理,许多棘手的问题也会迎刃而解。

再比如,一个学生没有完成作业,管理型班主任的处理过程一般是:先声色俱厉地批评教育一番,然后扣除一定的行为考核评定分数,最后警告学生不得再犯。如果碰到老实的学生,这样一来,他自然受惊不小,以后再犯的可能性会比较低,管理似乎很成功。但仔细一想,学生通过这样一件事,受到了什么教育?显然没有。他为什么没有完成?是知识没学会,还是懒惰不想做?是不感兴趣做还是想做不会做？……这些实质的问题，我们没有去深入思考，只一棍子打死，岂不很容易造成"冤假错案"？找不到问题的根源，费再多的精力，也是枉然。如果是面对一个学习一直较差的孩子，即使我们的批评和谈心让他痛哭流涕，也起不了多大作用，为什么？因为他不是不知道学习的重要性，而是因基础不好，比别的同学已经落下了很多，现在很想赶上来，可就是不会做呀。如果是在学校里，还可以问问别的同学，但是回到家中，父母又忙，很少有时间辅导（有些东西父母也辅导不了），自己又不太会，那怎么办？只能硬着头皮完不成了！讲得再不好听些，如果是个刺头学生，我行我素，这样的简单管理不仅没有丝毫益处，我们一而再地批评指责，很可能会导致师生关系的紧张。对于这样的学生怎么办？最好的方式不是想尽办法去管理学生，而是改变我们自身：一是加强辅导，使他补上知识断层或进一步理解新知识；二是降低作业难度，使学生有能力独立完成。观念决定行为。要教育好学生，我们就必须搞清作业没有完成的原因，进而根据他的自身情况制定相应的改正措施，并允许他的行为有反复。这样虽然不能立竿见影，但能治本，可以让他一生受益。控制行为和润泽心灵，纪律评比和学生发展，究竟孰轻孰重？

学生到学校里是为了成长，而不只是接受管理。他们是教师教育旅途的伴侣，班级管理的效果取决于班主任的角色定位。我们的教育不需要单纯的管理和空洞的说教，需要的是教育与管理的结合，两者原本就是相辅相成的。要想把班级工作做好，班主任就必须改变单纯管理者的思维，努力成为智慧型的教育管理者，不利于学生发展的事不做，凡事讲究一个"育"，让教育的种子在学生心中萌发。

非常欣赏一位老师的这段话："为什么有一些老师喜欢当班主任呢？他们即使在夹缝中，也尽可能保持着自己的独立性；即使在一片盲从中，也能保持一份清醒；即使在'类体力劳动'的包围之中，也能捍卫思想的权利和尊严。他们的肩膀上，长着自己的脑袋。他们是一些真正把班主任工作当作专业的人。"我想，专业的班主任一定是一个把教育者和管理者两种角色有机融合统一的班主任，也只有这样"独具管理特色的教育者"，才能在班主任这个平凡而神圣的岗位上成就不凡的业绩!

第三节　班主任工作的任务及内容

一、班主任工作的任务

班主任工作的基本任务是由教育目的引发，并在一定的教育思想指导下进行的，它直接或间接地影响着和谐校园的创建。班主任要在学校领导下，按照德、智、体、美、劳全面发展的要求开展班级工作，创建良好班集体，全面关心、教育和管理学生，使他们的身心得到全面健康的发展，成为有理想、有道德、有文化、有纪律的社会主义公民。其核心任务是，培养良好班风，搞好班级管理、教育，促使学生在集体中健康成长，为学生的后续发展奠定基础。

总体来讲，班主任是班级的组织者、管理者、教育者，应按照学校的德育目标和学校计划的要求，从学生的实际出发，进行思想政治工作，促进学生德、智、体、美、劳全面和谐地发展。具体说来，包括以下几方面的内容：

（一）对学生进行政治和思想品德教育

德、智、体、美、劳五方面共同进步是学生全面发展的重要标志。从人的发展的规律来看，这五者是不可或缺的基本要素，它们既相互促进，又相互制约。其中，德育是最基本的因素，它不仅为智、体、美、劳四者指明方向，而且为它们奠定基础。因此，德育在学校教育工作中占据首要地位，它涉及把学生培养成为怎样的接班人的问题，关乎我国社会主义建设的方向。

通过抓好学生的思想政治和道德品质教育来推动学生的全面发展，既是班主任工作的一个主要特点，又是班主任工作的基点。班主任工作的内容繁多，除了对学生进行思想品德教育之外，还要提高学生的学习质量，组织学生参加体育锻炼，指导学生开展各种活动，对班级进行日常管理等，这些都必须建立在思想教育的基础上。只有紧紧抓住思想品德教育这条主线，使之贯穿于各项工作的始终，教育工作才能取得更大的成效。

中小学阶段是一个人世界观和思想品德形成、发展的重要时期，也是最容易产生思想困惑的时期。学生在中小学时期，由于知识迅速积累，独立性和自我意识不断强化，因而正从各个方面获取、思考人生的哲理。抓住这一关键时期认真开展思想教育工作，将会产生长期的效果，甚至影响他们的一生。如果用不正确的思想予以教育、引导，他们就难免会被不健康的思想所俘获，甚至走上邪路。因此千万不能掉以轻心，坐失最关键的教育良机。为此，班主任必须抱着对祖国和对学生未来高度负责的态度，从中小学生心理发展的需要和特点出发，切实抓好学生思想品德教育。

（二）加强班级管理，塑造良好班级文化

班主任要注意培养学生的集体荣誉感，加强集体制约能力，要组织学生积极参加各种形式的争先创优竞赛。要加强班级管理，组织和建设班级集体，努力形成良好的班风，使班级成为遵守纪律、勤奋学习、团结向上、朝气蓬勃的集体。

（三）对学生进行民主、法制与安全教育

班主任要经常对学生进行民主、法制教育，培养学生遵纪守法的良好习惯。对本班学生中发生的违章违纪行为，要负责进行调查处理；对于情节严重、复杂或涉及面超出本班范围的，可报告并由上级组织协同调查处理。

班主任要对学生进行安全教育，增强学生的安全意识，使学生学会保护自己的生命和财产，提高学生的生存能力。

（四）全面提高学生的学习质量

学习是学生的主要任务。学生到学校里来，就是为了学习现代科学文化知识，掌握建设社会主义的真实本领，为以后进一步发展打下基础。没有现代的科学文化，不论有多大的雄心壮志，也只不过空有一腔热血，其理想和抱负是无法实现的。学校教育的基本途径是教学。毫无疑问,学校的教育工作必须促进学生全面发展,然而这是通过发展学生智力和能力的途径来实现的。学生的学习过程,也是以智力为主的德、智、体、美、劳全面发展和提高的过程。对学生的任何教育都围绕着学习展开,离开了学习,学校的一切教育工作便失去了生机和活力。

全面提高学生的学习质量,是指要把着眼点放在学习的质上,使学生牢固掌握并能灵活运用科学文化知识。在教育过程中,显然包含着传授知识的过程,这是必不可少的基本环节。它并不意味着机械地把知识从教师的头脑搬移到学生的头脑中去,这个过程实际上要复杂得多。它要以提高学生的科学文化素质为出发点,引导学生学习,发展学生的智力和能力。

全面提高学生的学习质量包含两方面的意思:一是要提高全班每个学生的学习质量,二是要提高每一门功课的学习质量。社会主义建设事业需要造就各种有用的人才,班主任只有面向全班每一个学生,才能保证大批新人的蓬勃涌现。从班主任的职责来看,班主任要对全班学生全面负责,这就包含了对每一个学生负责的内容。倘若只关心一部分学生,严格地说是一种失职行为。因此,班主任要把现代教育看成一个由各学科共同构成的系统,千万不能把学生束缚在某一门功课上而造成畸形发展。

(五)培养学生的劳动习惯和技能

教育的根本目的是为社会培养合格的劳动者。不论学生将来走上什么岗位,从事什么工作,最终都要以劳动者的姿态出现,用他们的诚实劳动对社会作出贡献。马克思说:"生产劳动和教育的早期结合是改造现代社会最强有力的手段之一。"它不仅是提高生产的一种方法,而且是造就全面发展的人的唯一方法。

教育与生产劳动相结合,已经成为现代教育发展和当今世界各国教育改革的趋势,成为引人注目的研究课题。中小学劳动教育应体现基础教育的特色。劳动教育的重心应是培养学生的劳动观点、劳动习惯和一定的劳动技能。通过劳动教育,使学生养成崇尚劳动、热爱劳动、热爱劳动人民、珍惜劳动成果等美德,树立正确的劳动态度,在劳动中逐渐形成集体主义观念和勤劳、勇敢、诚实、无私的高尚品质,并且掌握一定的劳动技能,为步入社会、职业定向、职业选择和将来从事劳动奠定良好的基础,其主要目的是把学生培养成为社会主义合格的劳动者。因此,中小学的劳动教育要从劳动的社会效果出发,而不能以经济效果来衡量。

(六)对学生进行身心健康教育

班主任要关心学生的身心健康,要经常组织学生开展各项有益于身心的文体活动;要组织各种兴趣爱好活动小组,开展生动活泼的课外实践和学习活动;要经常检查学生的仪表和个人卫生;组织学生搞好教室、宿舍和清洁区卫生的整理清扫,维护校园整洁;要关心学生衣、食、住、行,使之符合有计划、适度、卫生、节约、有益的原则;班主任还有责任指导和监督学生日常生活费用开支,培养学生勤俭节约的良好习惯。

(七)对学生进行爱护公物教育

对于学校分配、发放给本班学生使用的学习、生活和文体活动用品、用具、器材、工具、设备、设施,班主任要负责组织登记、检查,如发生损坏、丢失,要负责追查责任者,提出处理意见,并协助学校追缴赔款。

(八)积极培养学生能力,全面提高学生综合素质

班主任要加强对学生综合素质与综合能力的培养指导。一方面要提高和培养学生的学习能力,另一方面要注重学生的全面发展,提高学生的综合能力和素质。要发挥学生的主体作用,指导共青团、少先队、班委会活动,培养学生自我教育和自治、自理的能力。对学校、学生会、团总支和其他部门组织的需要本班学生参与的各项活动,班主任有责任全力协助进行组织、指导、检查、督促和考核工作。

班主任要锻炼和提高学生的社会实践能力,组织和指导学生参加社会实践活动、生产劳动和公益劳动,配合有关教师组织开展课外

活动，培养学生的兴趣爱好，发展学生的个性特长。

（九）发展学生的审美能力

发展学生的审美能力，对中小学生丰富精神生活、开阔视野、陶冶情操、提升思想境界、培养崇高理想、激发爱国热情、塑造坚强性格，都具有重要意义。美育借助于美的形象、美的感染力来启迪学生的心智，使青少年在赏心悦目的审美活动中受到生动的教育，不知不觉地从情感上升到理智。爱美是人的天性，青少年尤其爱美。美育对中小学生有着特殊的魅力。

（十）促进学生个性充分发展

教育既促进人的社会化，又促进人的个性化。这两个看似相反的观点，恰恰体现了教育功能的辩证统一关系，即对立面的统一。人必须符合社会的统一要求，保持人类社会发展的继承性，这就需要实现人的社会化。人又必须推动社会前进，要有所创新，这就需要实现人的个性化。如果教育只局限于社会化功能，培养出来的人都是一个模样，没有个性，就不可能形成生机勃勃的社会机制，更谈不上人类社会的进步和发展。

我们提倡人的全面发展，而人的全面发展的首要意义是人的个性的和谐、充分发展，是在满足社会对人的共性要求基础上的个性在更高层次上的发展。学生的气质、性格、兴趣、能力、特长各不相同，他们的生活环境、成长途径、追求目标也因人而异。让他们从各自的特点出发，不断成长和发展，辅之以正确、及时的培养和引导，才是因势利导的有效方法。在中小学阶段，班主任应抓住各种最佳教育时机，对学生个性发展进行培植、指导，这对他们今后个性的进一步发展将会产生深远的影响。

（十一）促进学生和谐发展

班主任的基本任务之一就是以人为本、关爱学生，促进学生和谐发展。这也是和谐校园的主要表现之一。

首先，在教育过程中着力追求教育与学生发展的和谐，体现教育的节奏与学生发展的规律"同步和谐",形成良好和谐的师生关系。

其次,要坚持教育公平。教育公平主要指教育机会平等,它是实现社会公平的"最伟大的工具"。只有坚持教育公平,学生才能健康、和谐发展,校园才能真正和谐。

(十二)加强与学生家长的联系,指导家庭教育

班主任要采取家访、召开家长会、建立家长委员会等多种形式加强与家长进行联系,共同研究学生的教育问题,指导家庭教育与学校教育协调进行,形成教育合力。

参考

幸福生活从这里开始
—— 写给新入职的班主任

田丽霞

班主任是一项普通而又充满幸福的工作,没有什么玄妙之处,只要用心,任何人都能做好。那么,新入职的班主任,该怎样开始您的幸福之旅呢?我有几点建议。

1. 抱定一个信念——我行

刚刚大学毕业走上讲台的您,一定带着一些不安,担心自己知识不足、方法不多,担心不受学生尊重、不被家长信任,对怎样开始工作可能茫然无措。这些担心很正常,每一个初为人师者都经历过。而这些担心恰恰是您成功的基础要件——您有做好工作的愿望、责任感和上进心。而且,您还具备以下优势:

您的知识结构新、教学理念新,没有旧有经验的影响,较少受条条框框的束缚,就像一张白纸,能够画出最新最美的图画。这得天独厚的条件,是耕耘讲坛的宿将求之不得的。

您年轻美丽、英俊潇洒,能够顺利地走近学生,成为他们的知心姐姐、邻家阿哥,做到沟通无障碍。这是您独有的优势,是很多老教师望尘莫及的。

您精力充沛、身体健康,家庭负担较轻,能够全身心投入工作之中。这是您后来居上的资本,是令很多中老年教师羡慕的。

您要抱定一个信念:我能行!只要努力,我就能成为最棒的班主任!

2. 培养一个习惯——思考

年轻教师最容易盲从,别人怎么做自己就依样画葫芦,其结果很可能画虎不成反类犬。适合您的学生、适合您自己的方法才是最好的。这个方法在哪里呢?不在理论家的书本里,也不在专家的报告中,而在您自己的思考与实践中。所以,您一定要养成思考的习惯。

思考什么呢?您要思考:我的学生是谁?他们有什么特点?会出现什么问题?该怎样应对?还要思考:我是谁?我有什么特点?我将怎样管理学生?我从哪里入手开始工作?

什么时候思考呢?做事之前想一想:我要做什么?我该怎么做?制定一个科学的计划,就能够减少盲目性,摆脱"陀螺式"、"消防员式"被动应付的工作状态,从而做到按部就班、有条不紊。做事之中要思考:这种方法恰当吗?还有没有更好的方法?做事之后还要思考:我做得怎么样?成功的经验是什么?失败的教训在哪里?只有做到了"吾日三省吾身",才能达到"智明而行无过"的境界。

最具潜力、最值得开发的是自己的大脑。您要养成思考的习惯,让思考贯穿于工作的始终。

3. 管好一个自己——情绪

班主任应该学会管理自己的情绪。当学生不配合您的工作,当学生故意让您生气时,您首先要提醒自己:"我是教师,我的职责是帮助学生成长;成长中的孩子出现一些问题是正常的;教学相长,这是我锻炼成长的好机会。我要冷静地想办法。"如果这样的自我暗示还不能使您怒气平息,您就再提醒自己:"我是成年人,受过高等教育;他只是一个孩子。孩子可以不理智,但我不能不理智。孩子可以不懂事,但我不能不懂事。"

如果您仍旧一筹莫展,无计可施,那就告诉学生:"今天我们都很激动,这种情绪不利于解决问题。我们先上课,明天再谈。"师生冲突,往往因为搁置而冷却,因冷却而自然化解。第二天,心平气和地沟通,问题可能会很容易解决。

如果学生拒不认错怎么办?山不转水转,水不转人转。教师要学会放下,不要抓住一个问题纠缠不休,否则,就会把"急症"拖成"慢性病",使问题复杂化。我们批评学生的目的不是让学生认错,而是让学生改错;不是把学生制服,而是让学生成长。学生一时想不通没有关系,暂时搁置,再寻良机就可以了。拿得起是聪明,放得下是智慧;拿得起需要能力,放得下需要魄力。

作为一名教师,我们一定要学会管理自己的情绪,尽量不要跟学生生气,更不要和学生赌气,千万不要与学生斗气,绝对不能拿学生撒气,永远不要对学生泄气。

4. 认准一个定律——勤奋

勤能补拙是良训,一分辛苦一分才,这是生活的定律。具体来说,班主任要做到五勤:脑勤——多思考,腿勤——多进班,眼勤——多观察,嘴勤——多提醒,手勤——多示范。

"腿勤"就是多进班。走近学生才能了解学生,了解学生才能有效地管理学生。"遥控"班级是每一个班主任都希望实现的理想状态,但那需要具备很多条件,比如班主任要有足够的魅力和威望,班干部要有足够的领导力和责任感,学生要有足够的自我管理能力和学习能力等等。年轻的班主任暂时还不具备这些条件,那就应脚踏实地多进班,在该出现的时候出现在该出现的地方。

"手勤"就是亲自去做。给大家推荐一个"七步训练法":第一步我做给你看,第二步你做给我看,第三步讲评,第四步我再做给你看,第五步你再做给我看,第六步再讲评,第七步你去做。

示范是最好的教育,行动是最好的老师,只有行动才能够牵引出行动。班主任既要做指挥员,更要做战斗员;您给学生的口号不应该是"给我上",而应该是"跟我来"。

5. 端正一个态度——虚心

对于班主任而言，经验很重要。没有经验怎么办呢？那就要虚心学习，把别人的经验、智慧化为自身茁壮成长的营养。向谁学呢？向书本学，向专家学，更要向身边的老教师学。

也许老教师其貌不扬、学历不高，甚至知识有些陈旧，方法略显老套，但他们了解学生，有实战经验，所以当您遇到难题时，建议向他们主动请教。

他山之石可以攻玉，三人行必有我师。对于初登讲台的您来说，除了抱负和汗水，还需要经验和智慧。熟悉的地方也有风景，老教师就是有经验和智慧的人啊！

6. 把握一个原则——公正

班主任要赢得学生的尊重，就要坚守一个原则——公正公平。班主任要努力做到对优等生不偏爱，对后进生不歧视。尤其在安排座位、分配任务、选拔干部、上课提问、批评教育等环节上，要做到一视同仁、一碗水端平。

小座位是个大问题，学生家长和教师都很关注。可以让学生讨论一下，民主决定排座位的方法，决定之后严格执行。选拔班干部也是如此，班主任要出以公心，唯才是用，这既是对班级负责，也是对学生最大的尊重。处理同学矛盾更是如此，班主任要实事求是，秉公处理，不能偏袒一方而苛责另一方。

学生不怕批评，怕的是不公正的批评。只要您能公平公正地对待每一个学生，公平公正地处理班级事务，学生就会支持您、尊重您。

7. 选准一个视角——欣赏

赏识导致成功。班主任既要及时发现学生的问题，给予批评指正；更要善于发现学生的优点，给予表扬鼓励，借此推动班风建设。

有一年新生入学报到，一名学生主动帮助我打扫教室。在第一次班会上，我热情洋溢地表扬了他："他是我认识的第一位同学，他自觉为班级服务、为同学服务的精神和做法值得我们学习。让我们用掌声表达对他的感激，记住他的名字。"从那以后，学生们都争先恐后主动为班级做事，因为他们知道这样做就有机会得到老师的表扬。

所以，您要学会发现，善用表扬，让班级的航船在顺风中起锚。

8. 坚守一个支点——真诚

教育的支点应该是"真"，而世界上最难做到的就是"真"。

班主任应该是一个真实的人，真诚地对待每一个学生，以心换心，将心比心，这样才能赢得学生的尊重，取得教育的成功。有这样一则故事：一个年轻老师第一天登上讲台，点名的时候发现对有个学生的名字不认识。他非常尴尬，红着脸问大家：这个字怎么读？他懊恼极了，怪自己事前没有做好准备，觉得学生们一定会看不起他。但是结局恰恰相反，学生们非但没有看不起他，还为他的真诚所感动。

知错能改，善莫大焉。刚刚走上讲台，经验不足，顾此失彼，在所难免。千万不要因为虚荣，用一个错误掩盖另一个错误。如果死不认错，就多了一个错误！

年轻的朋友们，教育是心与心的交流，是人与人的沟通。我想告诉您一句话，这个世界不是有钱人的世界，也不是有权人的世界，而是有心人的世界；只要用心去做，班主任这点事儿很简单；只要用心去感悟，您最终的收获一定是幸福！

祝贺您，您的幸福生活开始了！

二、班主任工作的内容

班主任的工作内容是其基本任务和职责的具体体现，因而必须围绕基本任务展开。归纳起来，班主任工作的主要内容有：

（一）全面了解和研究学生

班主任要全面地教育学生，首先就要全面地了解和研究学生。需要注意的是，了解是对学生思想与行为表现的观察和分析，研究是对学生各种行为表现内在联系和动因的琢磨，只有把两者结合起来，并以动态的眼光看待问题,才能使这种了解和研究具有一定的科学性。

1. 了解学生

班主任要了解全班每位学生的情况,以便使谈话更有针对性,做到因材施教。班主任在了解学生时,要做到手勤、腿勤、口勤、眼勤、耳勤、脑勤,抓住一切时机,深入学生中间,掌握第一手材料。

2. 研究学生

班主任在全面、仔细了解学生的同时,还必须研究学生,弄清每一个学生的家庭背景、个人经历、身体状况、个性特征、学习态度、人际关系、兴趣爱好和习惯特点等,以作出中肯的评价。

(1)对学生的情况要有一个总的估计和认识,认识主流,把握个别。要看到学生身上优秀的一面,利用学生身上的积极因素来克服其自身的消极因素。

(2)用发展和变化的观点来看待学生,深入持久地研究学生。班主任要把学生看作活生生的、发展变化的人,要用动态的而不是静止的、固定的眼光看待学生,特别是班上的后进生,要用长远的目光来看待他们、鼓励他们,帮助他们克服自身的缺点。

(3)班主任对学生要实事求是地分析研究,具体问题具体分析。班主任在分析学生时要真实、全面,不能只看到表面现象或凭只言片语就妄下结论。要对每位学生在班级、在家里、在课外等方面的表现作综合分析研究。特别是有时候虽属同一种情况,但形成根源往往不尽相同。因此,班主任要调查研究,具体情况具体分析,实事求是,不夸大,不缩小。

班主任在了解和研究学生时要做到深入、全面、细致,并有所记载,如建立学生档案等,以便因材施教。

3. 了解和研究学生的学习与生活环境

学生的成长是在学生个人与周围环境不断进行信息交流的过程中实现的。了解学生的学习和生活环境,才能更深地了解和研究学生,为教育工作铺平道路。在校外主要指家庭环境和社会环境。家庭环境包括学生家庭类型和家庭关系,物质生活条件,家长的职业、思想品德、生活志趣和文化修养,学生在家庭中的地位,家长对学生的态度,家庭教育状况,学生家庭与邻里的关系等。社会环境包括学生的交友情况、经常涉足的场所等。

4. 了解和研究班集体

班集体是学生学习和生活的特殊环境,它对中小学生尤其是初中生的成长影响很大。了解和研究班集体的主要内容有班集体构成的基本情况如何,有什么特点,处于哪一发展层次,以及舆论倾向、班风状况、不同层次学生的结构和比例、师生关系、同学关系、学生在集体中的角色地位、学生干部情况、非正式团体情况、学生智力发展的水平和特点、以前采取过的教育措施及其效果等。

(二)组织和培养班集体

面对整个班集体开展教育工作,是现代学校教育的基本特征。没有班集体的努力,学校培养目标就会落空。班主任要提高自己的教育工作效果,就得充分发挥班集体的智慧和力量。

在组织和培养班集体的过程中,班主任应该置身于班集体之中,把自己当成班集体中既普通而又特殊的一员。一方面,班主任要有班集体的意识,参与班集体的活动,以集体规范和纪律约束自己;另一方面,班主任要勇于负责,积极创新,正确使用权力,引导班集体不断前进。

(三)协调与统一多方面的教育力量

学生的成长受到多方面的影响。班主任要使自己的工作取得更大的成效,就需要协调和统一多方面的教育力量,以形成强大的教育合力。在学校内部,班主任要正确处理与学校领导、任课教师、学生、年级组、团队组织及其他班集体的关系;在学校外部,班主任要与校外教育机构和学生家长建立经常性的联系,沟通教育信息,帮助学生家长掌握科学的教育方法等等。

(四)进行日常管理工作

班主任的日常管理工作,主要是指完成学校指令和保证班集体建设的管理工作。日常管理工作主要包括制定班级工作计划,对日常工作进行检查监督,组织总结评比,评定学生操行,处理偶发事件等。

(五)个别教育

班集体是由一个个学生组成的,班集体的状况如何,取决于班上每一个学生的具体情况。学生的思想、性格和爱好等存在个体差异,需要班主任进行耐心细致的个别教育工作。个别教育是针对个别学生的特点和问题开展的教育工作,承认学生之间的差异并根据各自特点施加不同的教育影响,是班主任工作的重要组成部分。个别教育包括矫正学生的不良行为和培养学生特长两个方面。通常,学生的不良行为对班集体有一定的破坏作用,较容易引起警觉和重视,而学生的特长则较难发现,所以在个别教育中,班主任要特别注意发掘和培养学生的兴趣和特长,引导学生发展特长。如果班主任培养出来的学生毫无个性和特长,任何事物都不能引起他们的兴趣和热情,那么,他的教育必然是不成功的。

个别教育的形式有两种:一种是依靠学生集体的教育力量和各种活动的教育力量对个体进行教育;另一种是教师同学生进行谈心、交流和其他教育活动。班主任做好个别教育工作要注意:

1. 把握学生的脉搏

做好调查研究,深入了解学生的心理情况、思想品德状况、健康状况、个性差异、学习情况等,摸清每一个学生的特点,有的放矢地进行教育。

2. 因材施教,"对症下药"

要对不同类型、不同层次的学生区别对待,"对症下药",进行针对性的教育,解决他们身上存在的个别问题,使他们都在原有水平上有所提高。

> 参考

做一个"知心"班主任

张影

在学校里,班主任是对学生影响最大、与学生相处时间最多的人。班主任要想与学生相处得愉快、融洽、和谐,管理好班级,把班级工作做得有声有色,就要学会做一个"知心"班主任。

一、要知学生的所思所想

俗话说"知己知彼,百战不殆"。我们教育、管理的对象是学生,就必须用心思去研究他们,了解他们的需求与变化。只有这样,我们的教育手段才有的放矢,教育方法才有针对性。中学阶段是人生的最重要时期。中学生有个性、朝气蓬勃、思维活跃、独立意识强、喜欢标新立异、喜欢展示自己;他们希望梦想成真,希望班主任能够重视自己等等。我们也曾经历过这个年龄段,所以对他们应当有一种认同感,尽量让思想与他们保持一致,找到他们感兴趣的话题,敞开心扉与他们交流感情,拉近心灵间的距离。班主任要了解他们的所思所想,尽量去满足他们的合理要求。学生感受到班主任真正地了解他们,自然就会听从召唤与指挥,服从管理与领导,班级工作顺利开展就是自然而然的事了。

为了更好地了解学生的所思所想,我在班级中公开了我的QQ号码,我的QQ邮箱被学生称为"知心班主任信箱",学生有了要求和想法可以与我无障碍地进行沟通,我也尽力去满足他们。一次我在QQ邮箱里发现了一封全班同学的信,内容是十分渴望去春游。现在出于安全的考虑,大多数学校不提倡班主任带学生外出活动,大部分班主任也不敢轻易带学生走出校门。被束缚在学校里太久的学生十分渴望走出校门(特别是到了春暖花开、或是秋高气爽的时节)。我利用班会的时间,与学生们一起制定了出行的方案和相应的纪律规定。在一个周日的上午,我带领全班学生走进春天里。同学们像出笼的小鸟一样,尽情地看蝶飞花开,闻芳香的泥土,听淙淙的流水声,晒暖暖的太阳……快乐写在他们每一张青春的脸庞上,这一刻我也仿佛回到了十七八岁的时光。那一篇篇佳作是同学们从春天里采撷到的漂亮花朵;那一张张照片则是他们欢乐的见证。玩过、疯过后,在教室里他们表现出更足的学习劲头。你满足他们一个愿望,他们会还你更多的欢欣。这就是我班可爱的学生。

二、要懂学生的所忧所虑

常言道"人非圣贤,孰能无过",再优秀的学生有失误、犯错误也是难免的。比如有的同学考试考砸了,有的同学违反了校纪班规,有同学做了某些不该做的事儿等等。事情发生后,学生最担心的就是班主任当着全班同学的面进行批评或请家长来学校,因为这样学生会感到很没面子,自尊心会受伤害。本来学生自己没考好或犯了错就十分后悔,提心吊胆,害怕被老师或家长斥责。作为班主任,我们必须理解学生的忧虑心理,明白他们是有生命、有人格、有尊严的人,他们渴望被谅解和尊重。班主任遇到这样的问题时不妨"冷处理",用宽容和理解之心,给以学生尊重和鼓励,用心去了解一下事情背后的原因,让学生认识错误后,发现不足,然后去想办法改正、解决。这样既不会使学生产生逆反心理,又有利于师生关系的和谐、班级的管理,这是我在工作中常用的方法。"你尊重我,所以我更自尊;你信任我,所以我更诚信",这句话在我班学生的身上得到了很好的诠释。

班里有个出了名的游戏迷,各种游戏他几乎玩遍了,其他同学玩游戏在他眼里都是"菜鸟"。由于他平时学习还可以,也遵守纪律,我并没有对他进行约束。可是有一次,外语老师却把他领进了我的办公室。我还未开口,他已经开始承认自己的错误:"班主任,我错了,我不该在英语课上玩游戏。求您别收我的手机,我保证这是第一次,也是最后一次。请您相信我!"我问他,为什么会在课堂上玩手机?他说,昨天他姐姐刚刚从电脑上帮他下载了一款新游戏,还未来得及玩。今天外语老师讲完课后让做作业,他实在太想看看是什么类型的游戏,就忍不住把手机拿了出来,因为太投入了,连外语老师什么时候站在跟前都没有发觉。我相信他有自制力,能管好自己,就没有处罚他,只是让他去给外语老师道个歉。后来外语老师告诉我,为了表示对这件事的悔改,这个学生给她写了书面道歉信,果然说到做到,在课堂上再也没有玩过游戏。

三、要关心学生的所爱所好

毋庸置疑,学生的主要任务是学习。但学习只是他们生活的一部分,他们并不是学习的机器,他们是有情感、有追求、有兴趣爱好、精力充沛的年轻人。刚入学时,我在班里作了一次问卷调查,了解学生的兴趣爱好与特长。然后进行归类,把有同一兴趣爱好的同学放在一组,组成不同的兴趣小组。还给各小组起了既好听又时尚的名字:喜欢体育的小组叫"体育俱乐部";喜欢绘画、书法的小组叫"书画苑";喜欢唱歌、跳舞的小组叫"音乐汇";喜欢写作的小组叫"缪斯梦"等等。我利用班会课,请同事举办不同科目的讲座,同学们从中受益匪浅。我们班的兴趣小组在校内举办过不同主题的活动,如,书画展、音乐会、作文展等,不仅丰富了学生的校园生活,而且展示了学生的才艺;体育组还经常与别的班级进行PK,举办友谊赛,无论是足球赛还是篮球赛,均取得了不错的成绩。学校里的任何一项活动,我们班从未落下,而且常常抱得奖品归,全校师生都知道我们班的同学够厉害。从有声有色的各项活动中同学们体验成功、快乐、合作、互助、团结、友爱,并在活动中慢慢成长,有些内容是课堂学习无法替代的。会玩是我班同学的一大特色,但会玩并没有影响他们的学习,不断的进步就是最好的证明。他们的口头禅是:会玩更会学。

一个"知心"的班主任,对学生来说就是一个"给力"的班主任。一个"给力"的班主任会带出一个"给力"的班集体,学生在一个"给力"的班级中学习、生活会拥有一段丰富多彩、令他们将来回味无穷的校园生活。而"知心"班主任则会赢得他们无限的爱戴与尊敬。学生说,遇到我是他们的幸运;我则告诉他们,遇到他们是我的幸福。

第四节 班主任工作的特点及意义

一、班主任工作的特点

教育是培养人的劳动。班主任的劳动既不是非生产性的劳动，又不同于直接生产物质产品的劳动。班主任的劳动是一种受家长、学校和社会委托，以对学生的身心施以特定的影响为主要职责的复杂的脑力劳动。一般来讲，班主任工作具有以下几个显著的特点。

(一)高度责任性

教育事业是一项创造未来的事业，教育直接影响国民素质，甚至影响国家的发展和进步。教师是直接从事人才培养工作的，其劳动成果直接关系到学生的发展和前途。班主任则更是如此。他们既要对班集体进行全面教育、管理与指导，又要负责教学，任务更为艰巨。教师只有具备高度的责任感，才能肩负起这一特殊的使命。

班主任的劳动对象是正在成长中的青少年，班主任加工出来的"劳动产品"是具有文化知识技能和思想觉悟的人。这种"劳动产品"对社会各个方面能产生深远的影响，他们具有社会上其他任何一种劳动产品无法比拟的社会价值。这就要求班主任必须对自己的"劳动产品"高度负责。英国教育家洛克说："教育上的错误正如配错了药一样，第一次弄错了，绝不能错第二次、第三次去补救，它们的影响是终身洗刷不掉的。"因此，班主任在教育劳动过程中，必须对自己的"劳动产品"高度负责，确保"劳动产品"的质量。

(二)复杂性

班主任劳动的复杂性是由教育对象及其教育过程本身的特点决定的。

其一，班主任的劳动对象与其他职业劳动实践对象有巨大的差别。其他职业劳动实践对象要么是无生命的原材料,要么是有生命的动植物,唯独班主任的劳动对象最为特殊,是具有各自特质的、作为社会整体一员的、活生生的人。他们千差万别,不仅年龄特征不同,而且个性差异也很大,可以说,一位学生就是一个特殊的世界,班主任的劳动没有千篇一律的模式可循。因此,班主任必须在充分了解学生的基础上,既要按照统一的要求来培养学生,又要从学生的实际情况出发,因材施教。这是一项复杂而又细致的精神劳动。

其二,班主任的工作是复杂的。班主任一方面要在学校行政领导下,按照德、智、体、美、劳全面发展的要求,管理好、培养好学生;另一方面,班主任还必须全面关心学生的发展,包括学生的学习进步、政治思想进步以及身体健康状况,既要在课内传授科学知识,又要在课余组织活动。由此看来,学校各部门的大量的具体工作,几乎全部落在班主任的肩上,班主任工作的复杂程度可想而知。

(三)创造性

首先,社会发展要求教育不断打破旧的形式,培养出适应社会需要的学生,这就决定了教师的劳动必须有创造性。教师要在有限的时间里,把人类几千年积累下来的文化科学知识变成学生可以接受的基础知识体并熟练掌握,必须经过周密细致的思考、设计、取舍,用通俗易懂、生动形象的语言加以表述。这些绝不是机械劳动、重复劳动所能办到的,需要教师有很强的创造性。

其次,班主任劳动的创造性还表现为班主任必须对学生的内心世界进行不断的探索,创造新的教育方式和方法。世界上没有两个人的内心世界是完全相同的;即使是同一个人,在不同时间、不同条件下,其内心世界也会有所不同。这就决定了班主任在工作中不能墨守成规,而必须进行不断的创新。

最后,班主任劳动的创造性还表现在巧妙地、富于创造性地运用校内外各种教育影响上。影响学生发展的因素是多种多样、错综复杂的,并且随着社会的发展而不断变化。如何巧妙地运用这些影响,化其弊扬其益,不可能套用某一固定的模式,而必须发挥班主任的聪明才智和创造能力。

案例

班主任工作要有技巧

李广中

由于班主任的工作对象是一群活生生的人,他们素质秉性各异、思想各异、行为各异,他们有着与众不同的兴趣、爱好和追求,其工作必然呈现出复杂性和创造性。那么,该如何去做好班主任工作呢?

1. 学会"爱"的表达技巧

爱,是班主任工作中不可或缺的。班主任对学生的爱是做好班级工作的基础。不热爱自己的教育对象,就不会对工作倾注全部的热情,对学生就会缺乏应有的细心、耐心和信心。热爱学生是师德的基本内容,是教师的一种高尚职业情感。爱既是一种教育手段,又是一种巨大的教育力量。每个班主任老师要善于表达自己对于学生的爱,掌握好爱的表达方式、方法,否则,可能适得其反,远离我们预定的教育目标。当你面对"恨铁不成钢"的学生时,是指责、批评、抱怨,还是启发、表扬、激励;当师生间发生矛盾、冲突时,是一味地压制学生,强调自己的主张和观点,强迫学生服从自己,还是宽容地、平等地对待学生,站在学生的位置上细细地考虑,然后再处理问题。不同的处理方法其结果是不同的。每个人都喜欢面对掌声、鲜花和笑脸,如果我们能适时、适量地给他们以掌声、鲜花和笑脸,也许有一天我们真的会为他们的所作所为而欣喜和自豪。这一点不仅对所谓的尖子生很重要,对那些学习上暂时有困难、品行上暂时有障碍的学生尤为重要。班主任的爱不仅可以体现在平时的言谈举止中,还可以体现在对学生的评语、鉴定中。只有掌握好爱的表达技巧,才能真正地打开学生的心扉,走进他们的心灵深处,成为他们的良师和益友。

2. 尊重学生

根据马斯洛的需要层次理论,尊重的需要是仅次于自我实现需要的一种高层次的需要。尊重最能唤醒人的自我完善意识，尊重最能增长人的乐观情绪和信心。学生的尊重需要在得到充分的满足后，会有利于他们修正自我、完善自我。真正意义上的尊重学生，是学会宽容与接纳学生。宽容是对学生人格、自尊心的一种特殊尊重，要宽容地对待自己的学生，允许他们犯错误，允许他们有反复，给他们时间反省，给他们机会改正，在非原则性的问题上可以大局为重，让他们得到退一步海阔天空的喜悦。真正意义上的尊重学生，还要学会欣赏学生，在欣赏"尖子生"的聪慧好学、灵巧可爱的同时，更要对那些学习基础差、纪律意识淡薄的学生以更多的关注，努力发现他们身上的闪光点，并把闪光点放大，让每个人都有展示自己才华的机会，让每个学生都在成功中获得自信。以平等的心态对待每一位学生，对待学生的每一个方面。一旦你真正尊重了学生，你同时也获得了学生真正的尊重，你会发现你的心与学生的心贴得很近，你的工作也会越做越轻松。

3. 不断地"充电"提高

"教人者先教己"。班主任只有不断学习先进理论和经验，并及时结合本校、本班的实际，不断探索，才能创造出合适的教育方法。在师范院校中所学的教育学、心理学知识在班级管理中虽能起到一定的指导作用，但实践告诉我们，这远远不够。虽然"他山之石可以攻玉"，但"桔越淮而为枳"，所以要善于借鉴，更要学会实事求是，因人而宜。若生搬硬套，其结果只能是碰得头破血流。我们除了需要掌握教育学、心理学方面的知识，还应掌握大量的班组管理方面的理论，并积极地探索、运用这些知识的技能技巧，不断地把这些知识运用于实践，这样才能有所获。自身的勤奋好学、刻苦钻研、孜孜以求对学生能起到一个很好的身教作用，在学生心目中树立起良好的形象。只有不断地"充电"，不断地进取，不断地改造自我、完善自我，才能跟上时代的步伐，站在时代的前列，才有可能成为一个好的班主任。

(四)示范性

根据学生模仿性强的特点,班主任工作应力求起到示范性作用。班主任对学生的教育方式一是言传,二是身教,更主要的是身教,用自己的行为为学生树立榜样,作出示范。即不仅要告诉学生为什么要这样做,应该怎么做,而且要身体力行,示范给学生看。班主任是学生最亲近、最信赖的人,他的政治态度、思想品德、工作作风、生活习惯、待人接物、穿着打扮,乃至一言一行、一颦一笑,都会以"随风潜入夜,润物细无声"的方式,对学生的成长起着潜移默化的影响。因而我们必须重视老师的示范,时时、事事、处处检点自己的言行,给学生树立榜样,对此,夸美纽斯曾明确指出,教师的急务是用自己的榜样来诱导学生。乌申斯基认为,这种榜样(指教师)对儿童心灵是一缕非常有益的阳光,而这缕阳光是没有任何东西可以代替的。没有教师给学生的个人的直接影响,深入学生性格中的真正的教育是不可能的。为此,我们必须十分重视班主任自身的修养,做到"正人先正己",因为"其身正,不令而行;其身不正,虽令不从",所以必须以自己高尚的道德情操去陶冶和影响学生。

二、班主任工作的意义

(一)班主任是学生健康和谐发展的直接责任人

这是由班主任工作的性质决定的。班主任负责学生成长各个方面的工作,德、智、体、美以及对学生其他方面的教育工作都要由班主任参加和实施,这是其他教师所不能取代的。这种作用发挥得愈充分,学生的健康和谐发展就愈完美。反之,班主任偏颇于某些方面,学生的健康和谐发展就会受到影响。在学校对学生的工作中,班主任又处于教育的有利地位。班主任是受学校委派负有对学生发展的全面责任,在工作中又与学生处在一种特别的关系中,学生从心理上认定班主任是对自己进行全面教育培养的人。班主任实施教育工作，一般情况下比起其他教师的作用更大、工作内容更全面。班主任又是与学生长期相处的人，他们对学生成长的脉络清楚，教育的针对性更强。同时，班主任与学生在较长时间的相处中，建立起较深的感情，这无疑增强了班主任在各个方面教育学生的有利条件。

班主任工作的这一作用如何发挥，班主任对学生负责的自觉意识如何增强，对学生成长至关重要。为此，班主任必须形成对学生健康和谐发展的正确观念，形成对工作的正确态度，以及更准确地理解学生健康和谐发展的内容。在一般情况下，一位班主任带一个班少则二三年，多则五六年。这个阶段正是孩子蓬勃发展的时期，也是他们最终服务于社会的奠基时期。班主任对学生健康和谐发展的作用发挥得好坏、发挥了多少，对学生都有直接的影响，这一点是每位班主任都要经常思考的。我们看待一个班主任的工作价值、贡献大小也应该以这个标准为基本点。

（二）班主任是学校教育计划的基层实施者和落实者

班主任工作是中小学教育工作的重要枢纽，也是中小学各项教育工作的基础。在中小学教育工作中，班主任的工作最具体、最复杂、最繁琐，也最富有生命活力。在教育实践中，只要是学生的事，班主任基本上都要管。如果把学校比作一个网络系统，这个网络系统由纵横交叉的各种教育和教学渠道组成的话，那么班主任就是这个网络中的一个"网结"。班主任既是班级的核心，又是联结各教育渠道的"纽带"和"桥梁"。学校对学生德、智、体、美、劳等方面的教育，都要通过班主任这个"网结"去发挥影响力，完成各种教育活动。因此，班主任是学校教育计划的基层实施者和落实者。

全国中小学有500多万名班主任，这是一个庞大的、特殊的、具有重要意义的教师群体。这个特殊群体与其他教育工作者一起，共同支撑着整个教育大厦。

(三)班主任是班集体的组织者和指导者

一所学校要完成教育教学计划和实施各项教育管理措施,必须通过"班级"这个基本单位去贯彻、落实。所以,"班级"并不是一个由坐在同一间教室里的几十个孩子组成的松散的群体,不像人们看一场电影或听一次报告那样随意组合成的群体,它是一个有目标、有组织、有领导、有良好的班风班纪、团结向上的和谐班集体,而这个班集体的领导者与创建者正是班主任。中小学班主任是班级工作的组织者、班集体的建设者和指导者、中小学生健康成长的引领者,是中小学思想道德教育的骨干,是实施素质教育的重要力量。

在学校教育工作中,班主任职责具有双重性:既要向学生教授知识,又要做学生的人生导师,即所谓"传道"、"授业"、"解惑"。班主任通过自身的思想、人格、道德、情感与智慧影响和教育学生。班主任以自己的爱心、对教育工作的耐性和韧性,长期不懈地对学生进行思想教育管理。

班主任既是学生的领导者,又是学生的老师,更是学生的知心朋友,对全班学生的全面发展和良好个性形成负有直接的教育责任。班主任的工作质量关系着未来人才的质量;班主任的一言一行、一举一动时刻都在影响着学生。在一定程度上讲,班主任的工作水平直接决定着学生的发展水平。

(四)班主任是联系班级中各任课教师的纽带

在一个班级中往往有好几位教师任教,他们都肩负着教书育人的重任。但是教育、教学的成果不是靠哪位教师单独创造出来的,而是教师集体长期共同劳动的结晶。班主任的作用就是使各位教师互相配合,步调一致,统一教育要求,形成教育合力,以增强教育的整体效应。除了各科教学之外,学校中各种学生组织及其开展的丰富多彩的活动也在对班级学生进行全面发展教育的过程中起着重要的作用。这也需要班主任对课堂教学和各种教育活动进行统一协调、妥善安排,以发挥良好的教育作用。

> 参考

做联系学生和任课教师的纽带

舒达

1. 尊重和支持任课教师

一位优秀的班主任在教学活动中绝不能因强调自己所教学科重要而有意无意地贬低其他课程,而应千方百计地为任课教师创造良好的教学环境。学校按教学计划设置的课程,从长远的观点看,无论从学生思想品德还是科学文化知识的积累和应用上都会起到巨大的作用。就学科意义而言,所有知识的地位是平等的。教授不同学科的教师的地位也应是平等的。因此,班主任应尊重和支持任课教师。

2. 建立统一的教育目标,增强协作意识

目标的一致性是维护良好人际关系的首要条件。有经验的班主任在制定班级计划时,总是预先同任课教师商讨并协商合作的范围和内容,让任课教师了解本班的情况,明确奋斗目标,进而得到他们的理解和支持。例如:开展以"英雄模范"命名班级活动,从命名酝酿,到开展学英雄活动等都应与任课教师取得联系,便于目标一致地对学生开展有效的教育活动。

3. 主动与任课教师交流信息

班主任要与任课教师交流信息,包括班级管理目标、常规要求、活动计划、学生的基本情况、学生个性特长及动向等。班主任作为班级的"协调者",要随时了解学生的反映,将学生的要求、希望和建议转达给任课教师。

4. 主动邀请任课教师参加和指导班级活动

任课教师也肩负着教书育人的重任。班主任邀请任课教师参加和指导本班工作,充分调动任课教师的积极性,以便任课教师共同步入教育学生的工作轨道。如:组织班(队)会、春游、联欢会、各种庆祝活动、兴趣小组等,均宜争取任课教师的支持,增进师生之间的相互了解。班主任"纽带"作用发挥得好,师生们就会心情舒畅,步调一致,互相协作,有利于搞好教育教学工作。

5.正确处理好学生与任课教师的矛盾

在教学过程中,师生间难免看法不同,进而产生误会,发生意见分歧,甚至产生对立情绪和矛盾。有经验的班主任总是把工作做到矛盾发生之时或矛盾发生的初期,而不是消极地堵漏洞、搞折中。发现任课教师有困难,班主任应及时引导学生关心和帮助他们。班主任对任课教师也不是无原则的一团和气,而是开诚布公地提出意见或建议,把团结建立在信任和理解的基础上。班主任应将班级学生状况尤其是后进生的点滴进步及时报告给任课教师,使他们树立起教育、转化后进生的信心。当学生中发生"偶发事件"时,既要注意维护教师的威信,又要实事求是,严格要求学生,处理问题不偏不倚。

(五)班主任是社会精神文明建设的促进力量

在社会总人口中,学生所占的比例很大,已经受过教育的不用说,就是在校的学生数目也占青少年的绝大多数。我国在校学生数就有两亿多,这意味着整个社会的面貌,尤其是精神文明状态,与学生的关系极大。学生的文明表现、道德水平、仪态举止,都反映出整个社会精神文明的面貌。学生的精神文明表现,虽然受社会各方面的影响,不是完全由学校教育所决定的,但是学校教育,特别是学校有力的德育工作,对他们精神文明状态起着重要的作用。而在学校里,在各个精神文明建设的渠道中,班主任无疑是重要的力量。班主任在日常生活与学生的广泛接触中,对学生的行为、仪态、文明礼貌的表现,有着较深的了解,这就更利于对学生进行教育和影响。班主任又是带领学生参加社会活动的主要教师,更容易教育学生如何处理人际关系、遵守社会公共道德。班主任又是较长时间内与学生相处的人,他能坚持对学生进行行为规范养成教育。试想,几年坚持不懈地进行行为规范养成教育,对学生的精神文明状态会起到多大的影响。所以我们说,班主任是精神文明的直接建设者,又是促进精神文明建设的主要力量,在社会精神文明建设中发挥着不可替代的作用。

学生来自社会上的不同家庭,他们既是受教育者,在某种情况下又是教育者。他们宣传精神文明,同社会上不良现象作斗争,以他们自身的良好风尚去影响社会,其作用也是不可低估的。他们的这种作用发挥的程度如何、发挥的主动性如何、发挥的效果如何,又都与他们在学校受的教育有关,从这里又可以看出,班主任在社会精神文明建设中具有不可低估的作用。

学生会一代一代走向社会,他们的面貌和精神文明状态对未来社会有着巨大的影响,他们决定着未来社会的物质文明、精神文明的状态。而他们在未来社会的表现,又与今天在学校中所受的教育有关,这又说明,班主任在促进未来社会的精神文明建设中发挥着不可低估的作用。

人们越来越认识到在社会精神文明建设中从青少年做起的重要性。贻误一代人的教育会使几代人道德滑坡甚至道德沦丧。一个班级的学生,在某个班主任教育下过几年的学校生活,在他们的一生中,或许是短暂的,但其形成的良好精神文明基础却可以影响学生的终身,对他们将来的社会生活意义重大。如果这时候缺乏教育,他们就会"先天营养不良",不仅"现在"会影响整个社会的风气,将来也会给社会带来各种各样的问题。所以班主任在这方面要尽到自己的责任,努力去发挥精神文明建设的作用。

(六)班主任是学校、家庭、社会教育的沟通者

班主任是沟通学校与家庭、社会教育之间联系的桥梁。随着改革开放的进一步深入,信息技术迅猛发展,互联网已经进入我们的生活,社会更加开放和自由。学生在开阔眼界、学习新知识的同时,不可避免地受到来自各方面的负面影响以及不良诱惑。这就要求班主任具有正确的世界观、人生观、价值观,密切关注社会,走向每一个家庭,对来自社会、家庭的各种信息进行鉴别、筛选、协调、引导,沟通好学校教育与家庭教育、社会教育,加强三方联系,形成三位一体的教育合力,力求构建一个开放的大教育体系。

（七）班主任工作是教师自身完善的实践基础

教师应该具有教育和教学的能力，缺乏其中某个方面，不能算作"完整"的教师。有一些教师具有教学能力，但不具备教育学生的能力，这样的教师是不合格的。尤其是中小学教师面对的是未成年的青少年儿童，他们的成长要求是全面的，是需要教师更多地去引导和开发。假如只有教学能力，教师对学生全面成长就不能很好地发挥作用，他们也就不能够对学生的成长作出更全面的贡献。

在师范院校培养的学生，他们的多数时间、多数功课是学习专业知识，而对如何当好班主任，却学习得较少。有些师范院校的毕业生，他们能够担任班主任工作，也只是凭借个人工作能力、组织能力和管理能力，而对在理论指导下科学地、有效地做好班主任工作就缺乏必要的修养。这说明教师掌握班主任理论的重要性和承担班主任工作的必要性。班主任工作又是实践性很强的工作，需要理论和实践相结合，它是在大量的工作体验中逐步形成的。因而每位教师都要具备班主任理论与实践的基础，这样才能够逐步成为一名好的班主任。这就要求教师同样重视教学工作与班主任工作，努力学习，躬身实践，要改变那种认为教学工作是"专业"，班主任工作是"副业"，重视教学工作，不重视班主任工作的错误倾向。每个教师都要既做教学能手又做称职的班主任，这才是职业能力的完善，才是合格的教师。这就要求班主任老师去努力学习，把握做好班主任工作的要领。同时，在班主任工作实践中，要做有心人，要结合实践领悟班主任理论和积累班主任经验；每个教师都要达到能够胜任班主任工作的水平，要认识到班主任的实践能力是教师必须具备的基本素质，也是教师自我完善的必由之路。

第五节　班主任工作的原则

班主任工作原则，是指在班主任工作过程中，人们通过实践、学习、研究逐步概括出班主任对学生进行教育、指导和管理时必须遵循的基本要求。它是学校教育中的德育原则、教学原则、管理原则在班主任工作中综合而具体的体现，是班主任处理工作中一些矛盾和关系的基本准则，也是班主任工作规律的体现。

一、方向性原则

社会主义方向原则，是班主任工作过程及其目标的指向，是决定班主任工作的根本原则，是班主任工作性质、方向、任务的总则。它是根据社会主义学校的性质和班主任工作的社会制约性提出来的，集中反映了社会主义学校中班主任工作的培养目标和要求。

班主任工作的方向原则，要求班主任工作"应该永远把坚定正确的政治方向放在第一位"。这就是要坚持党的基本路线，即以经济建设为中心，坚持四项基本原则，坚持改革开放。这是班主任工作坚持社会主义方向原则的根本体现。

贯彻这一原则的具体要求是：

第一，在班主任工作指导思想上，必须以马列主义、毛泽东思想为指导。班主任工作的目标、内容、方法以及一切教育、管理活动都必须符合马列主义、毛泽东思想、邓小平理论、三个代表的重要思想、科学发展观。这是坚持社会主义方向性原则的根本保证。

第二，在班主任工作目标上，应以德育目标为首要目标。班主任工作目标主要由德育目标、智育目标、体育目标、美育目标、劳育目标等组成，但班主任必须首先落实德育为首的要求，制定符合班级实际情况的德育目标，使之更有利于班级各项工作的开展。

第三，在班主任工作内容上，既要关心学生政治思想的进步和身体健康，又要关心他们知识的学习、智能的发展；既要关心学生的课内情况,又要在课余组织他们开展各种丰富多彩的活动;既要关心学生在校内的生活,又要关心他们在校外的交往和活动。

第四,在班主任工作方法上,要坚持理论联系实际,把理论教育与学生的社会实践、教育训练结合起来。教育学生从我做起,从现在做起,从小做起,使社会主义方向性的教育切切实实地落实到他们日常的学习、生活和劳动中去,真正成为推动学生学习和生活的动力。

第五,在班主任工作阵地上,班主任要把课堂、食堂、寝室、课外活动、社会实践以及班级文化等都作为自己开展工作的阵地。班主任必须深入、细致地把思想工作做到学生活动的每一个地方,坚持用社会主义思想占领这些阵地,使之成为宣传马列主义、社会主义的阵地,成为对学生进行思想政治教育、促进他们德、智、体、美、劳全面发展的阵地。

二、全面教育、全员负责原则

全面教育、全员负责原则是指班主任通过对班级全体学生在思想品德、学业成绩、身体健康、心理素质等方面的全面教育和全面负责,使学生在德、智、体等方面得到全面和谐的发展。

全面教育、全员负责原则是根据班主任工作的任务和职责提出来的,也是基于学校的教育、教学工作计划而通过班主任工作这一重要途径加以实施而确定的,它反映了班主任工作全面性的特点。同时,这一原则的提出也有很强的针对性。在现实的中学教育中,由于受"应试教育"单纯追求升学率思想的影响,部分班主任在班级工作中,重智轻德及其他各育,只重视少数学习好的学生,轻视学习成绩差的学生,对班集体建设和学生全面和谐发展造成不良的影响。因此,强调全面教育、全员负责原则也是为了纠正现实班主任工作中的这一弊端。

贯彻全面教育、全员负责原则,要求班主任首先对学生的思想品德、学业成绩、身体健康、心理素质等全面关心、全面负责。其中要把学生的思想品德教育放在首位,把主要精力放在促进学生思想进步、形成良好的道德品行上,以此来带动、促进学生其他方面的有效发展。当然,重视思想品德教育并不等于放弃对学生学习的教育和身体健康的关心。孤立地抓思想品德教育,不仅抓不好,而且违背教育规律。因为学生思想品德的真实状况,只有在他们的学习、生活、劳动等活动过程中才能表现出来,为我们所了解。同时,学生良好的思想品德也只能在学习和与人交往等活动过程中得到培养。因此,班主任应当将这几方面的教育有机地统一起来,促进学生的全面发展。

其次,班主任要对全班每一个学生的发展负责,教育好每一个学生,使每一个学生都能在原有的基础上获得较大的进步。为此,班主任要重视对学生的个别教育。对于优秀学生,班主任要以辩证发展的眼光加以分析,一方面肯定他们的优点和成绩,另一方面也要指出他们身上存在的不足和缺点,进而鼓励他们发扬优点,巩固成绩,继续前进。对于处于中间状态的学生,班主任也要做好教育工作,不可掉以轻心。如果教育得当,这部分学生就会向积极方向转化,成为品学兼优的好学生;如果教育失当,或者他们稍稍松懈,这部分学生便有可能滑入后进生的行列。对他们,班主任要多给予鼓励,帮助他们确立信心,并安排适当的活动和班级工作,让他们在丰富的实际生活中施展才华,锻炼成长。如何促进后进生向积极方面转化,是让班主任颇费心思的事情,更是班主任工作艺术性的集中体现。对此,班主任必须端正教育态度,做到对后进生思想上不歧视、感情上不厌恶、态度上不粗暴。要善于发现和肯定他们身上的积极因素和闪光点,增强他们的上进心,同时了解、分析他们存在问题的原因,以便对症下药。只要班主任持之以恒地做耐心细致的感化教育工作,后进生向积极方面的转化就会取得成效。

> 参考

关注遗忘的角落
——班主任如何关心和解决中等生的心理困惑

林祝

在做班主任的过程中,我们也许最为重视的是"两端学生"——优秀生和学困生,而那些班主任最为放心的中等生,却是容易被忽视的一个群体,许多心理问题也往往在中等生身上产生。

一、中等生典型心理问题的分析

1."我不行"——自卑心理

无论做什么事,"我不行"这句话也许是中等生常挂在嘴边的,它反映出中等生强烈的自卑心理。班主任往往注意到了学困生存在的自卑心理,但对中等生存在的自卑心理则认识不足、关注不够,使中等生感觉受到了老师的冷落,感到自己在班中无足轻重。这必须引起每位班主任的警惕。自卑是心灵的"自杀",它像一根潮湿的火柴,永远也不能点燃成功的火焰。许多人的失败,不是因为缺乏成功的条件,而是因为不敢相信自己能成功。连自己都看不起自己的人,怎么能让别人看得起他?怎么能自信地面对人生?怎么能够获得成功呢?

2."烦死了"——抑郁心理

"烦死了,烦死了。"我们经常会听到中等生这样抱怨,长期的抱怨易使中等生形成抑郁心理。抑郁心理是中学生感到无力应付外界压力而产生的一种消极情绪。这种心理现象在中等生身上体现得更明显,他们内心孤独却不愿向同学和老师倾诉;在学习上,他们经常精力不集中,情绪低落,反应迟钝;他们有较强的自尊心和成功的愿望,但常常因考试的失败而感到痛苦和恐惧,严重时还会出现食欲不振、失眠、胸闷、头昏等现象。中等生产生抑郁心理的概率和严重程度以及对学生造成的危害程度要高于优秀生和学困生,其原因就在于他们是中等生。相对于学困生,他们有较高的自我期望、更多的劳动付出、更大的学业和精神压力。相对于优秀生,他们智力平平,学习基础、能力等逊色不少,因此,在学习和生活中更容易产生失败感、无力感,经常陷入自轻自贱的抑郁情绪中。

3."闷死了"——闭锁心理

闭锁心理突出表现为学生平时不声不响、沉默寡言,喜怒哀乐不轻易表露。中等生很少与父母交谈,又不愿和老师接近,极少到办公室提出问题或主动与老师谈话。他们只喜欢把自己的所思所想、喜怒哀乐深深埋在心里或只向日记倾诉,在自我的小天地里默默地咀嚼生活,品尝孤独。中等生在学习和生活中遇到各种困难、挫折、痛苦、烦恼等,如不愿向人倾诉,由此引起的不良情绪就不能及时得到排除,日积月累就易引起其他的心理问题。因此,如何设法打开中等生的闭锁心理,就成了班主任必须解决的课题。

4."愁死了"——焦虑异常心理。

研究和实践证明,一定程度的焦虑对学习是有益的,可以使学生处于一种比较高的觉醒和紧张状态,明确学习动机,提高学习效率,但过高的焦虑水平则会引起对学习的抑制。试想:一个对学习忧心忡忡、顾虑重重的学生,怎么可能兴致勃勃、孜孜以求地学习?对智力平平、虽然努力学习但成绩仍不理想的学生,过度焦虑会导致其自信心不足,自暴自弃,以至对学习失去信心。过度焦虑还会使学生产生考试怯场,从而抑制学生正常水平的发挥。显然,过度焦虑对学生的身心、学习和生活的危害不容小视。中等生学习较努力,自我要求也颇为严格,常把满足老师和家长的愿望当成自己的学习奋斗目标,稍有不顺,便自责不已,甚至有负罪感。他们不论学习能力强弱,都会因一时的失误导致对自己能力的怀疑,从而忧心忡忡,焦虑不安。

二、预防和排除中等生心理问题的对策

中等生存在程度不一的多种心理问题,这是一个毋庸置疑又必须正视的客观事实。相对于那些已具有明显症状的心理疾病患者来说，绝大多数中等生的心理问题并不算严重，也不难解决，并不需要进行专门的心理治疗，只要班主任在思想上能引起足够的重视，在行动上能积极采取各种措施对他们加以引导和调节，中等生的心理问题是完全能够得到预防和排除的。为此要做好以下几方面的工作。

1. 理解是桥

中等生总是有着这样或那样的心理障碍，他们可能在成绩上徘徊不前，可能在交友上不尽如人意，优秀生不屑与他们为伍，而学困生又与他们格格不入。他们夹在中间，也许两头受气。作为班主任，我们必须理解他们，更加小心地去呵护他们那容易受伤的心灵，更多地站在他们的角度去考虑问题。当然，这要求班主任具备一定的教育学、心理学知识，从心理学的角度去观察和分析学生的言行，以更好地理解他们、融入他们。我们只有深入地了解中等生的心理特点，了解他们的喜好厌恶，多站在他们的角度看问题，多倾听他们发自内心的声音，才能建立起师生间的相互理解与信任。

2. 真爱是渡

班主任要把爱和关心撒向每一个中等生，让每一个中等生都沐浴在老师爱的阳光下。"心病还需心药医"，老师的爱心无疑是预防和医治学生心灵创伤的灵丹妙药。拥有和享受班主任的爱，是每一位学生的渴望，更是每一位中等生的渴望。可是事实上，班主任往往把更多的心思花在优秀生和学困生上，对表现良好的中等生反而在无意中冷落了，使中等生的精神欲求无法得到满足。最具可塑性的大多数中等生得不到切实的关心和培养，这实在是教育的严重失误，也是一些班主任工作不能收到预期效果的重要原因。事实上，对那些默默无闻的中等生，班主任不仅应在学习上提出希望和要求，也应在思想上和生活上进行关心，多与他们接触，多与他们谈心交流。

3. 鼓励为本

在中等生的各种心理问题中，自卑心理往往是导致或加剧中等生其他心理问题的根源。要树立中等生的自信心，需要班主任做许多具体而持久的工作。可以从很多方面着手，其中最关键的是设法在学习上帮助其提高成绩。班主任既要对中等生有热切的期望、热情的鼓励，促其产生奋发图强、积极向上的积极情绪，又要帮助中等生具体分析成败得失的原因，找到改进、提高的途径和方法。针对中等生的不同情况，提出不同的要求。对偏科现象严重的学生要求制定目标，帮助其逐步把弱科补上；对学习方法有欠缺的学生则加强学法的指导与交流；对成绩波动较大的学生则要求坚持写自检自查日记，逐步学会自我约束；对学习态度敷衍者则严格要求，督促其制定学习计划，养成良好的学习习惯。

4．展示为根

在以往班级管理制度下，中等生往往只能是被管理者，很难真正感到自己是班级的主人。所以我们必须改革传统的班级管理制度，给中等生提供锻炼和为班级管理贡献力量的机会。班干部可以采用老师推荐、学生自荐、组阁等方式，定期轮换。尤其在课堂教学中，更应该给中等生以回答问题的机会，多引导他们积极参与课堂讨论、大胆发言，使他们摆脱胆怯、紧张和漠然的阴影。

除了在课堂上给予中等生展示的机会外，班主任还要组织和开展丰富多彩的课外活动，活动的主体应是全体学生，要促使许多平时不动不响的中等生也能全身心地参与进去，在多种活动中展示他们的青春活力，发挥他们的兴趣特长，化解他们的烦恼痛苦，促进他们的身心和谐发展。

5．合作为源

班主任作为班集体的教育者、组织者和指挥者，必须充分发挥各种教育力量的作用。首先，要争取各任课教师的配合。要经常与各任课教师沟通情况，主动向各任课教师了解中等生的思想情况、学习情况，同时把自己了解到的这些学生的有关情况向各任课教师作介绍，共同探讨在教育教学中应注意的问题，落实帮教措施,使帮教工作能协调有序地进行。其次,必须争取学生家长的支持。班主任与家长要经常交流,以便更全面地了解学生。要提醒家长运用正确的教育方法,多与子女进行平等交流,营造和谐的家庭环境,不给子女施加过多的压力。

中等生渴望发挥能力,也渴望取得成功,却又有时显得"心有余而力不足";他们渴望向人倾诉,但又不知"心里话儿向谁说"。而且,中等生的人数、心理特征和影响力也在实践中决定了他们才是班风、学风形成的主体力量。实践证明,中等生积极向上,就会促使优秀生加倍努力,以稳固自己的领先地位,同时又会使学困生的一些行为失去市场,从而有利于班级整体状况的改善。

三、情感原则

情感原则,是指班主任在工作中,必须注意与学生建立一种良好的感情关系。这一原则是以班主任工作适应学生身心发展的规律为依据的,也是教师职业道德的要求。班主任工作是培养青少年一代人的工作,而"育人"的工作,情感因素起着重要的调节作用。所以,班主任必须重视和发挥情感因素在工作中的作用。列宁指出:"没有人的情感,就从来没有、也不可能有人对真理的追求。"列宁说的真理,蕴含于人们所从事的一切事业之中,当然,也蕴含于班主任工作之中。

班主任能否与学生建立良好的感情,关键取决于班主任是否以热爱学生为出发点。班主任对学生的热爱必然会引起学生爱的反馈,因为学生感受到了班主任的爱护,产生了愉快的情绪体验,对班主任就更加热爱、更加亲近、更加信赖。学生对班主任的爱的反馈又进一步激起班主任对学生的爱护。这样热爱犹如催化剂,使师生关系变得更加融洽、和谐,更加亲密。这种和谐的人际关系,是班主任工作取得成就的奥妙所在。

四、尊重信任与严格要求相结合原则

尊重信任与严格要求相结合原则是指班主任在教育过程中,要充分尊重、信任学生,发挥学生的主观能动性,同时又要对学生的思想和行为提出严格要求,通过二者的相互结合来促进学生的全面、健康发展。

尊重、信任与严格要求学生是实现平等的师生关系的自然要求,也是教师必备的工作态度和职业道德。对学生的尊重、信任和严格要求又是制约教育效果和班主任工作效果的两个相辅相成的必要条件。没有尊重、信任的严格要求,容易使学生产生情感障碍,使教育失去感召力,而缺乏严格要求的尊重、信任也容易造成学生思想行为上的放任自流。一方面,尊重、信任是严格要求的基础,各种要求常常是伴随着对学生的尊重、信任的情感而被学生接受的。另一方面,实事求是地严格要求又是尊重、信任学生的真诚体现。正如苏联教育家马卡连柯所说的那样:"永远是尽量多地要求一个人,也是尽可能地尊重一个人。当我们对一个人提出很多要求的时候,在这种要求里也就包含着我们对这个人的尊重,正因为我们向他提出了要求,正因为他完成了我们的要求,所以我们才尊重他。"

贯彻尊重、信任与严格要求相结合原则,首先要求班主任热爱、尊重、信任学生,维护和激发学生的自尊心和上进心。只有热爱学生,才能与学生沟通思想,深入了解学生的内心世界,使教育工作具有针对性。当学生感到班主任是热情、诚恳的良师益友时,他们才能受到情感的陶冶,产生奋发向上的力量。而爱护学生的自尊心是热爱学生的重要方面,一个人有自尊心才会有上进心。学生如果自尊心受到挫伤,就会缺乏上进心,甚至产生自暴自弃或抗拒心理,变得难以教育。要维护学生的自尊心,就要相信学生,相信学生通过教育和自我努力都能成为有用人才。因此,班主任的一言一行,每一个教育要求和措施以及情感的控制和运用,都要有利于维护和激发学生的自尊心和上进心,并把他们自尊自强之心引向积极健康的方向,唤起他们对自己行为的责任感和荣誉感。

其次,要在充分尊重、信任学生的基础上向学生提出严格的要求。班主任提出的要求,要根据不同学生的特点和实际水平,做到具体明确、合理适度、留有余地,使学生每达到一项要求之后,能进一步增加向上的信心。班主任提出要求后,就要认真执行,坚持不懈地贯彻到底,从而使学生一步一个脚印地踏实向前发展,实现学校的教育目标,不能姑息迁就,半途而废。

五、疏导原则

疏导,就是疏通和引导的意思。它是指班主任对学生进行教育、管理时,坚持用科学的道理和正面的事例,进行启发诱导,调动其接受教育的内部动力,使他们在思想、品德、学习、生活等方面沿着正确的方向发展。这一原则是根据班主任适应青少年身心发展的规律提出来的。青少年正处在世界观形成时期,他们朝气蓬勃,积极向上,但同时又单纯幼稚,不善于辨别是非善恶。这时就需要给他们讲道理、摆事实,循循善诱,启发诱导,帮助他们提高思想认识。班主任在工作中坚持疏导的原则,既有利于解决学生的思想问题、认识问题,又保护了他们的积极性。

六、民主原则

民主原则,是指班主任在工作中,要尊重学生在班级中的主人翁地位,支持和引导他们正确地行使民主权利,并保障他们的权利,与学生建立民主的师生关系。

班主任工作的民主原则,是社会主义学校民主管理原则的具体要求和体现。它对于培养学生的主人翁精神、创造性、独立性以及建立民主的师生关系都有着十分重要的意义。一个班级,如果只有班主任的积极性而没有学生的积极性,班级就很难前进,班主任工作也就不可能取得很高的工作效率。因此,班主任工作,必须坚持民主性原则,广泛听取学生的意见和建议,从"控制型"转向"参与型"。

七、集体原则

在班级中,除了师生之间的垂直关系外,还有同学之间的平等关系。所谓集体性原则,是指班主任在工作中,要注意通过集体的力量教育个别学生,又通过对个别学生的教育影响集体,把教育集体与教育个体辩证地统一起来。它是一种老师与学生、学生与学生、集体与集体、集体与个人的多向型教育。

集体原则,是由班主任工作适应培养社会主义建设事业接班人的需要所决定的。社会主义建设事业需要我们培养一代具有集体主义思想品质的人,而学生的集体主义精神、团结互助的高贵品质,只有在集体中通过集体的生活才能培养和巩固。正如马克思、恩格斯所指出的:"只有在集体中,个人才能获得全面发展其才能的手段。"同时,这一原则,又是以青少年身心发展的规律为依据的。每一个学生都生活在一定的集体之中,他们的活动和交往都是在集体中进行的。班级是学生生活和交往的主要场所,因此,班集体是教育、影响学生个体的强大力量。

贯彻集体原则的具体要求有:

(一)要组织、建立良好的班集体

班集体不是自发形成的,几十名学生编在一个班里,就是一个集体。集体对个体的成长有着重要的作用。一个积极向上的集体,可以激励和推动集体中的每个成员不断进取;反之,一个不健康的集体往往会使学生变得松散疲沓,甚至相互影响,沾染种种恶习。因此,要发挥学生集体的教育功能,关键是要努力培养一个坚强的班集体。这个集体应该有明确的政治方向和共同的奋斗目标,有健全的组织机构,有一个团结一致的由关心集体的积极分子组成的领导核心,有和谐的人际关系,有正确的集体舆论和优良的班风,有严格的规章制度和严明的纪律等。

(二)要善于发挥班集体的教育作用

班集体既是教育的客体,又是教育的手段。班集体形成后,就要充分发挥它在教育和管理中的作用。班主任在工作中,要面向集体,通过集体,影响和教育个别学生。这就是说,教育了集体、加强了集体以后,集体自身就能成为很大的教育力量。这个教育力量往往比班主任个人的影响力大得多,它是一种环境、一种氛围,它可以教育和影响集体中的每一个成员,推动他们向前。所以有心理学家指出:

"教师要想对个别学生施加影响,与其把主要精力用在面对面的个别工作方面,不如大力地创设一个具有良好心理气氛的集体。"班主任应当充分利用集体的目标、集体的各项要求、集体的舆论等,使之成为教育因素,激励学生向上。这样,班主任的影响力和班集体的影响力汇合到一起,形成一股巨大的教育力量,陶冶、塑造每个人。

(三)集体教育同个别教育相结合

要通过开展集体活动,如运动会、歌咏赛、演讲赛、美术作品展、夏令营、春游等多种形式,发挥学生的特长,形成正确的集体舆论,培养集体荣誉感、自豪感,形成良好的班风;要注意班级环境氛围的文化建设,充分发挥集体教育的作用,对每个班级成员施加教育影响;同时,还要注意培养学生的良好的个性品质。

案例

响鼓仍需重锤敲

范建兴

我班有个学生,以名列榜首的成绩考入我校初中就读。他性格倔强,只管埋头读书,对班集体的事情视而不见,充耳不闻,也不愿与人接近。同学们都说他孤傲自大,目中无人,因而也疏远他。他也因此变得更加沉默寡言。

对这样的学生,如不在少年期这个可塑性很强的阶段里好好地教育、引导,发展下去势必造成心理、性格上的扭曲,容易出现思想认识上的偏差,即使将来能进一步深造,对社会也难有大的贡献。

于是,我便主动接近他,想探索他内心的奥秘,以便对症下药。可每当我和他交谈时,他总回以极简短的话语或点头、摇头,甚至有意地躲避,对我紧紧地关上了心灵的大门。但为了他的健康成长,尽到班主任的责任,我仍然耐心地寻找着机会。

一次,他上学突遇大雨,全身淋得透湿。我怕他生病,便带他到家里，用吹风机吹干他的头发，又找出我的衣服替他换上。没想到这件微不足道的小事，却在他封闭的内心掀起感情的波澜。慢慢地，他在我面前话多起来，还主动向我谈起学习、生活、理想、前途等。他说："老师，老实说，我现在之所以这样努力学习，就是为了自己的前途。""不瞒您说，我还真有点信奉'人不为己，天诛地灭'哩！"我肯定了他的诚实与坦率，但也为他那幼小的心灵已深受个人主义思想之害所震惊。可见，学习成绩优异并不等于思想觉悟高。经了解，班上其他学习成绩优秀的学生也有程度不同的类似想法。于是，我决定在开展"学雷锋"的活动中重点进行学习目的和理想教育。在活动中，我注意发挥他的特长，让他讲雷锋事迹、读雷锋日记，主办专刊、板报，他都能认真完成。为了进一步培养他的集体观念，我想最好让他当班干部。但当我试探着对他讲当干部的重要性时，他却敏感地推诿。经过多次劝说，他才勉强答应担任了学习委员。起初，他对工作不热心，老师、同学都有意见，我一气之下在班上批评了他。这一来，他却干脆撒手不管了。我真想把他一撤了事，可又一想，这不正好迎合了他那"不愿多管闲事"的心理、助长他的个人主义意识了吗？于是，我再次诚恳地与他谈心，帮助他认清个人与集体的关系、个人奋斗的危害。我还把《雷锋的故事》、《雷锋的日记》等书借给他读，希望他能真正受到雷锋大公无私精神的感染。同时，我又组织同学们通过活动自己教育自己。我们连续召开了"21世纪的我"、"未来属于我们"、"扬起理想的风帆"等主题班会，引导同学们明白个人与国家、民族的关系，从想问题只从个人利益出发的小圈子里跳出来，树立起为祖国、为人民的远大理想。这一系列的活动对他触动较大。他在日记中写道："雷锋同志，我一定牢记你的话：'一滴水只有放在大海里才永远不会干涸，一个人只有当他把自己和集体的事业融合在一起的时候，才能最有力量。'"他对工作变得主动认真起来。

有一天，气温骤变，下起大雨。我骑车到城里各学生的家里取来毛衣，送到同学们手中。他们接过毛衣，望着我还在滴水的头发和衣服,都很激动。他问我:"老师,你为什么要这样做?"我笑着说:"谁叫我是你们的班主任呢?"他听后,沉默不语。可从此以后,我发现他对班务工作的积极性更高了。为了提高全班的学习成绩,他在板报上开辟了"数学一日一题"、"英语一日一句"、"古诗一日一首"的学习园地;还向我建议在全班组织开展"一帮一"结对子的活动,并主动要求与成绩最差的同学同桌,以便就近帮助。他还邀约其他学习成绩好的同学利用节假日到成绩较差的同学家中补课,令家长十分感动。在他的努力工作和带动下,班上勤学的风气逐渐形成,期末考试时,全班成绩有了提高。

由于他成绩优秀、关心集体、工作出色,被学校评为"优秀少先队员"、"三好学生",并光荣地加入了共青团。

俗话说"响鼓不用重锤敲"。但从他的转变过程中我深深体会到:对成绩优异的学生同样需要加强思想政治教育,绝不可偏爱、娇宠。响鼓也需重锤敲啊!

【分析】

这篇案例提出了一个很重要的问题,就是班主任工作要面向全体学生,全面提高学生的素质,必须用辩证的观点和方法对学生作全面的了解:对表现差的学生,要看到他们也有长处,有发展潜力,鼓励和引导他们进步;对表现好的学生,要看到他们的缺点和不足,帮助他们发扬优点,克服缺点,在德、智、体几方面都健康成长。在实际工作中,有许多班主任往往对后一方面不够注意,而且受片面追求升学率的影响,以学习成绩作为衡量学生的唯一标准,认为只要成绩好就是好学生。对这些学生放松政治和思想品德教育,以致这些学生成为学校德育工作中被遗忘的角落,在思想道德素质方面得不到应有的培养教育。范老师全面了解学生的情况,对学习上的尖子生及时发现思想上的问题,加强教育,严格要求,达到了全面提高其素质的目的。目前我们的中学教育正从"应试教育"向全面提高学生素质的轨道转变,这篇案例提供的经验对班主任工作是很有启发的。

八、正面教育,启发诱导

对学生要运用正面引导、启发激励的教育方法,调动各种积极因素,充分发挥榜样的作用,力戒简单、粗暴的工作作风,严禁体罚和变相体罚学生。

九、针对学生具体情况,因材施教

要从实际出发,根据学生的心理特点、思想实际、个性差异以及社会、家庭的影响,提出不同的教育要求,有的放矢地进行教育。这就要求我们选择、确定有针对性的教育内容,提出的要求要有层次性,要采用学生喜闻乐见的教育形式和方法。比如:针对某个问题的命题作文,让学生通过作文表达自己的见解,班主任借此了解学生心理;通过主题班会,让学生就某一事件提出自己的观点,进行分析、讨论,达到教育的目的。

十、以身作则,言传身教

班主任要严格要求自己,增强道德修养,做学生的表率。俗话说:"正人先正己。"在班级工作中,凡要求学生做到的,自己首先要做到,并能主动征求、虚心听取学生意见,不断改进工作。

班主任工作原则是相对稳定的,但方法是灵活多样的。我们要通过自己的努力,不断学习探索、借鉴积累,提高自身素质,创造出更多行之有效的工作方法和途径。

第六节 班主任工作系统的结构与功能

一、班主任工作系统的结构

班主任工作系统是一个多因素、多层次、多功能、结构复杂的整体综合系统。对它的结构应从"纵"、"横"两个方面去认识。

（一）班主任工作系统的纵向结构

按工作过程发展的时间顺序，其纵向结构可分为三个层次：一个学段的运行过程；一个年级段的运行过程；一项工作的运行过程。学生入学后，大致要经过以下三个阶段。

1. 松散群体阶段

学生入学后编进了班级的这个阶段，就处于松散群体这一水平上。编到某一班的学生，尽管在形式上已经属于一个班级了，但成员之间没有对活动目的、意义和活动内容达成共同认识，成员之间的关系是表面化的、没有什么联系的。

2. 合作团体阶段

经过松散群体的初级阶段，学生之间不再是单纯以直接情绪联系为基础，他们开始寻找合作的伙伴，这就逐渐进入联合的群体阶段。在学生寻找合作伙伴的过程中，班级的积极分子开始崭露头角。他们表现出一定的组织才能，并逐渐取得大家的信任。进入这个阶段的班级，逐渐地对以兴趣结成的小群体产生整合作用，群体成员之间已开始有共同的工作意识和义务感，并逐渐变成他们共同行动的准则。个体的荣誉感也会逐渐经过整合而扩展到群体。在这个阶段里，班主任应想方设法，逐渐使班级教育要求转化成班成员内在的需要，逐渐地形成班级内部的凝聚力并使这种凝聚力发挥聚合作用，使班级迅速地向优化的班集体发展。

3. 和谐集体阶段

经过合作的团体阶段的发展，班级逐渐成为教育的主体，同学们的关系并不需要外来督促就能通过成员之间的认知、情感、态度进行交流，能使个人与组织之间产生一定的反馈联系，并形成一种复杂的动力系统了。这就逐渐地达到了班集体所具备的三个特点：一是班级内部全体成员形成了较高的共同信仰体系和实现集体目标全力以赴的自觉性；二是班级成员在创造良好的班风和获得高评价等事关集体荣誉的问题上，形成了共同的情感、共同的规范和共同的成就水平；三是同学之间、师生之间建立了和谐、稳定的友爱关系。

班主任在这一运行过程中，要坚持不懈地确立和完善高水平的群体相倚关系,使群体中每个成员都认识到他们个人行为的荣辱必须依赖于班级其他成员所形成的关系,并使他们努力做到积极实现班级的奋斗目标。这种关系越密切,班集体形成的过程就越短,速度就越快。

班集体的形成过程是一个"从教到学"的转化过程。所谓班主任的主导作用,最主要、最根本的一条,就在于促进和完成这一转化。

(二)班主任工作系统的横向结构

班主任工作系统的横向结构由外部物质环境、内部心理环境和中间起转化作用的规章制度三个层面组成,即班级的物质文化、精神文化、组织文化。

1. 班级物质文化

班级物质文化主要是指班主任和本班学生共同学习、生活的空间环境——教室。班主任要高度重视教室环境的美化布置,要根据本人和学生的美学理想,改善班容、美化班貌,通过刻意布置和装点,使其具有感染力。一个立意较高的教室布置,对学生来说是一种莫大的激励。

2. 班级精神文化

班主任在创设心理环境时,应积极利用全班师生在共同生活中缔造的思想观念、价值取向、行为方式、班风等对全体学生施加"定向"影响,去优化学生的心理环境,优化师生的相互关系,优化班级的环境氛围。良好的人际交往能像磁铁一样强化学生对集体的热爱心,能增强对集体的关心度和合力,使学生的身心达到更高的发展水平。

3. 班级组织文化

班主任要想使自己的教育意图转化为现实的教育效果,就必须依据《中小学生守则》和《中小学生日常行为规范》(以下简称《守则》和《规范》),制定班级的各种规章制度,充分利用规范制约、舆论压力、班风感染、骨干示范等有效的方式深入学生的内心世界,使外在的规范性要求内化为学生的精神需要。班主任还要充分利用班级内各小组、团组织、班委会等组织机构及其职能、职责,制定班级目标,激励大家为实现目标而努力,促进班集体的发展。

二、班主任工作系统的功能

班主任工作系统主要有以下基本功能。

1. 信息接收功能

班主任的教育信息是班主任工作系统运行的基础。班主任工作系统的运行过程,就是其教育信息的传输、获取、加工和使用的过程。班主任的教育信息不仅包括知识信息,还包括教育状态信息、教育环境信息等等。信息接收是以学生为主体的,学生本身的主观因素对信息接收影响很大。而信息接收的主导者是班主任。班主任是有创造性、能动性的主要信息源(信息输出之源)。在班主任工作系统运行过程中,传输信息的通道主要是语言、文字、表情、手势及体态动作等,班主任必须认识、利用好这些信息通道。

2. 信息转化功能

在班主任工作系统运行过程中,信息转化是和信息接收同时展开的传输过程。从信息论的观点看,这是信息接收器将获取的信息编码进行存贮的过程,对学生来说,这是一个在获取信息的基础上进行传递、加工、存贮的过程,也可以说是将接收到的信息进行内化的过程。在班主任工作系统运行中,学生一旦接收了班主任传输过来的信息,随时进行转化,将获取的有效信息内化为智力动作,实现存储,以备需要时提取使用。

3. 诊断反馈功能

诊断反馈促使学生对教育信息接收、内化,对学生的学习行为具有动员和强化的功能,对班主任的教育活动具有提供诊断信息、促使他们查明教育全过程、正确把握施教方向的功能。班级工作中的诊断主要包括班级教育工作重点诊断、教育过程中的缺陷诊断、教育过程中的动态提示诊断等等。任何教育诊断均需要作出双向反馈,以达到既使学生明确自己的品德、行为的全部情况,趋于学习、生活的最佳状态;又能促使班主任分析原因,有指向地进行强化和补偿。

4. 动力支配功能

在班主任工作系统的运行过程中,班主任的工作动机对于诱发、引导、强化和发展学生的学习动机起着启迪的主导作用。班主任通过组织、参与班级各种活动,将自己的动机转化为学生持续学习、不断提高的动机,这是班级工作系统中的动力支配的要义所在。要达到动力支配的境界,必须具备以下条件:一是班主任要把握班级总目标,以自己的言行等工作动机以外的表现来影响、引导、教诲学生。二是班主任要从有利于学生身心发展的角度出发,组织实施教与学的各项活动。三是班主任要及时作出调控,使学生能够积极主动地按照班级教育目标的要求调控自己的各种活动,并及时反馈。四是师生进行多层次相互作用。

5. 育人优化功能

班级工作系统以整体性原则为指导,不仅能发挥各组成部分的功能,而且能充分发挥各组成部分相互联系而产生的新功能,因而使班主任工作系统的整体功能大于各组成部分功能之和,使系统的整体功能大大提高。

班主任工作系统是一个开放系统,它与班级以外的各系统(如家庭系统、社会系统等)都有着物质、能量、信息的交换。它能使系统的各组成部分由低级结构逐渐转向高级结构,使系统变得有序,以逐渐使班级实现育人最优化。

第二章 班主任专业化发展

第一节 班主任专业化——目标、追求、过程

随着社会的发展和进步,专业化已成为社会职业发展的重要趋势,专业性则成为衡量职业成熟度的重要指标。班主任是我国中小学教育中的重要岗位。在实际工作中,班主任工作的专业性、地位的重要性和作用的不可替代性,已经为越来越多的人所认同,也受到教育行政部门的高度关注。著名德育专家班华教授指出:"班主任专业化是一种认识,更是一种自觉追求的目标,也是个体发展的过程。"其"化"作为名词,指班主任专业发展达到一定的目标、标准;作为动词,表明班主任专业化是一个发展的过程。专业化目标的实现是不容易的,追求目标的过程是艰难的。因此,在推进班主任专业化建设的进程中,我们有必要强调班主任专业化既是一种目标要求,也是一种价值追求,更是一种发展过程。

一、班主任专业化:一种目标要求

班主任岗位的专业性源于一般教师劳动的专业性,又高于一般教师劳动的专业性,是教师专业发展的深化和扩展。班主任在学生素质发展中的地位与作用日益受到关注。教育部《关于进一步加强中小学班主任工作的意见》(2006,以下简称《意见》)指出:"在普遍要求全体教师都要努力承担育人工作的情况下,班主任的责任更重,要求更高。"人们在实践中认识到,现代班主任不仅仅是班集体的组织

者、教育者、管理者，同时还是学生主要的"精神关怀者"、影响学生成长发展的"重要他人"。班主任不是人人都能当的，更不是人人都能当好的。班主任岗位具有不可替代性。现代班主任应当成为具有专业知识、专业技能和专业道德的专业工作者。相对于教师专业化而言，班主任工作是一个更微观的领域，班主任专业化是一种特殊类型的教师专业化，是教师专业化向纵深发展的必然结果。

班主任专业化与教师专业化具有共性，因为"一个优秀的班主任，首先应该是一个优秀的教师"。然而，一个优秀的教师不一定能成为一个优秀的班主任。二者的专业角色有所不同，班主任除了和任课教师一样要完成教学任务之外，还要对其所带班级学生的生活、学习、工作以及学生的素质和班集体形成与发展承担重要责任，要对学生和班集体进行教育与管理。因此，班主任专业化就是以教师专业化为基础，以专业的观念和要求对班主任进行选择、培养、培训、管理和使用的过程，它主要包括：在职业道德上，从一般的道德要求向专业精神发展；在专业知识和能力上，从"单一型"向"复合型"发展；在劳动形态上，从"经验型"向"创造型"发展。

班主任专业化命题自2002年10月提出以来，在教育领域产生了广泛而深刻的影响，有关"班主任专业化"的理论研究和实践探索逐渐形成规模；班主任的专业培训如雨后春笋，竞相展开，各种有利于班主任专业发展的举措相继出台。

《意见》指出："班主任岗位是具有较高素质和人格要求的重要专业性岗位，应由取得教师资格、思想道德素质好、业务水平高、身心健康、乐于奉献的教师担任。"《中小学班主任工作规定》(2009，以下简称《规定》)也强调："选聘班主任应当在教师任职条件的基础上突出考查以下条件：(1)作风正派，心理健康，为人师表；(2)热爱学生，善于与学生、学生家长及其他任课教师沟通；(3)爱岗敬业，具有较强的教育引导和组织管理能力。"这表明，不是所有教师都能当班主任，也不是所有班主任都能胜任岗位要求，当好班主任是有条件和选择的。专业化已成为学校和教育行政部门加强班主任队伍建设的一种目标要求。

二、班主任专业化：一种价值追求

班主任专业化发展，需要外在的支持，更需要内在的动力，特别是班主任对本职工作的热爱与追求。从本质意义上讲，班主任的专业化成长是一种自主建构和自我发展。班主任对自己所从事的工作有了理性认识，对工作充满了自信与热情，把工作当作事业来对待，才会主动利用外在条件，激发内在动力，自觉自愿地去学习、实践、反思、提高，努力优化班主任工作的实践品质，提升班主任工作的专业水准。相反，如果对班主任工作缺乏正确认识，没有深度认同，只是被动地从事班主任工作，那么，无论外在条件多么优越，都难以调动班主任专业化发展的主动性、积极性和创造性，难以促进其专业知识的汲取、专业能力的提升和专业道德的养成。

专业性不是附加于班主任角色之外的特性，而是内蕴于班主任这一职业之中的，是现代班主任必须具备的特质，具有自己独特的意蕴。班主任的专业性是在对班级功能定位不断调整的过程中，在对班主任工作认识不断深化的过程中逐渐获得的。在快速发展的现代社会，班主任的劳动对象是在不断发展变化的，只有不断调整和改进自己的工作理念、工作思路和工作技巧，才能适应社会、教育和学生的发展要求。对于班主任的专业发展来说，定期的专业培训是必要的，但这只能解决一些共性问题，难以面向不同个性的班主任个体，难以深入具体的班主任工作实践中。因此，班主任自觉的自主发展意识和强烈的自主发展愿景非常重要，一方面，它们能够帮助班主任把所拥有的原理性知识、陈述性知识转化为实践性知识、程序性知识，实现理论在实践平台上的"软着陆"，优化班主任工作实践；另一方面，它们又能够对班主任的缄默知识和个性体验进行提炼、升华，并将其纳入班主任的理念体系和素质结构之中，促进班主任的思想更新和能力提升。自主发展是班主任专业发展基本的、关键的动力系统。

班主任作为一个专业性岗位，必须依赖不断的进修与提高来适应社会的变化、教育的革新以及终身学习的迫切要求。这就要求班主任树立专业发展观念,制定切合班级工作和本人发展实际、可行性强的专业发展规划,并严格执行、坚持不懈,努力把握一切能促进自身专业成长与发展的机会。从优秀班主任的成长经历看,注重学习和研究是班主任专业成长的必由之路。班主任只有自己努力提高专业知识、专业能力和水平,从经验型班主任向研究型班主任发展,不断提高自己的专业成熟程度,真正成为训练有素、不可替代的角色,真正树立起专业化形象,才能使班主任工作成为令人尊敬和羡慕的职业。如大家熟悉的全国著名优秀班主任任小艾老师,在自己专业成长过程中,善于学习、实践,勤于总结、反思,对自己日常成功的教育行为进行提炼和升华,对自己创造出来的新的班主任工作原则和方法进行理性思考,形成了自己独有的值得推广的教育风格。她将班主任工作提到很高的专业水准,获得了"全国优秀班主任"的光荣称号。

当前,班主任要切实按照教育部《意见》和《规定》的有关要求,认真履行班主任工作职责,增强岗位意识,提升自身素质,实现自主发展,"努力成为中小学生的人生导师"。因此,专业化应当成为班主任加强自身建设、完善自我、超越自我的一种价值追求。

三、班主任专业化:一种发展过程

班主任专业化作为一种目标、一种追求,不是一蹴而就的,而是一个持续发展的过程。在哲学视域中,"过程"标志着世界或事物在时间和空间上的无限展开。过程不仅表现为一定事物的存在样态,而且意味着事物的发展。班主任专业化需要长期乃至终身的探索与努力才能实现。其持续性不仅表现在时间的延续上,更表现在专业内涵的不断拓展及其本身的持续上。有研究表明,教师的专业成长主要涉及三个方面:一是专业层面,包括从事教学工作所需的知识与技能、对教育工作的使命感;二是个人层面,包括对自我与他人的了解、成就需求与个人特殊风格;三是思考层面,包括抽象思考、批判思考及前瞻思考等。这同样可以迁移到班主任的专业发展上。班主任从初任开始,与各学科任课教师一样,都在这三方面寻求进步,通过不断的学习与探究的历程来拓展其专业内涵,提高其专业水平,逐渐达到专业成熟的境界,直至成为专业化的优秀班主任。

班主任的专业化成长过程具有阶段性。有的学者根据班主任职业生涯的分期,将班主任的成长过程划分为适应期的新班主任、拥有一定经验的成长期班主任、取得一定业绩的骨干班主任等。南京师范大学班主任研究中心齐学红教授把班主任的专业化成长分为三个阶段:规范化阶段、个性化阶段和特色化阶段。在不同的发展阶段,班主任面对的问题不同,工作的侧重点也有所不同。规范化发展阶段,是一个教师从新手逐步成长为一名合格班主任的过程;个性化发展阶段,是班主任在工作中逐渐形成自己特色的过程,并能在学校各项活动中崭露头角,与学生之间建立起和谐的师生关系;特色化发展阶段,是班主任成长为具有辐射影响力的班主任的过程,其标志是更多地关注学生的长远发展,班级管理进入民主化、科学化阶段。

在工作中,班主任要根据社会形势的发展、教育目标的定位、学生的身心特点等因素的变化,不断调整和优化自己的教育理念、工作方法和专业技能,以适应社会和教育发展的需要,实现自我的专业化成长。因为,个体素质的普遍提高有利于班主任的专业发展:首先,随着班主任个体素质的持续优化,班主任群体的专业自律、专业自治水平得到提升,有利于保持班主任职业的独立和尊严,而独立和尊严正是判断一个职业是否实现专业化的重要指标;其次,随着班主任实践水平的提高,班主任工作经验、实践智慧、教育技艺得以不断优化和积累,班主任工作的共同原则和共同要求得以归纳,班主任工作操作系统日益走向规范化、明晰化;随着班主任研究和反思能力的增强,班主任原发性理论体系不断丰富和完善,班主任专业内涵将会得到拓展和深化。因此,班主任专业化是一个不断追求、持续发展的过程。

总之,班主任工作既是一门科学,又是一种艺术;班主任需要经过专门的培养,才能成为具有专业知识、专业技能、专业道德的专业工作者。班主任的专业化发展是一种目标、一种追求,也是一种过程。"高山仰止,景行行止。虽不能至,心向往之。"班主任的专业成长过程,犹如爬山,每走一段路都会看到不同的美景。只要奋力攀登,用心体会,即使不能爬到山顶,也时时会有收获的欢乐和成功的幸福!

第二节 班主任专业化建设中的自身素质欠缺问题

在素质教育和教师专业化发展的背景下,班主任专业化建设渐渐进入教育者视线。相对于普通的教师而言,我们所处的时代对班主任的专业知识、教育技术、文化素养、专业能力、业外才艺、教育科研能力的素质要求显得更高。"多才多艺"对一个班主任来说显得特别重要。在一些学校,"多面手"就是班主任的代名词。

但是,"金无足赤,人无完人"。在我们的实际工作中,由于自身成长环境、学习经历、身体条件、兴趣爱好等不一样,不同的班主任在自身素质上都或多或少地存在着一些不足。自身素质在某方面有欠缺的班主任如何开展自己的班级管理工作?

一、端正心态,找准角色,正视自身素质的短缺,当好学生成长的引路人

案例

舒达

张老师是一个有六年班主任工作经历的教师。由于自小没接受过音乐方面的教育,所以在当班主任的工作过程中,他最怕的就是学校搞"歌咏比赛"、"文娱汇演"之类的活动。

最初几次学校举办这方面的活动,他硬着头皮组织班级学生参加,但效果很不好。到后来,一遇到这些活动,他总是心里

发怵、六神无主,最后甚至不参加学校组织的类似活动了,惹得学生、家长一片怨言……

自身素质有欠缺的班主任大都能看到自己的缺点,但是他们常常误以为只有素质全面的班主任才能管理好班级。是不是只有各方面都精通的教师才能当好班主任?事实上,在现代学校里,学生素质的全面提高,不是单单依靠班主任,更多的是依靠各个学科的任课教师。就算班主任缺少如音、体、美方面的知识,音、体、美教师也会按照课程计划教授学生。班主任的角色是管理者、教育者、协调者,而且,随着课程改革的逐步深入,班主任的内涵正不断得到修正和丰富。

所以,班主任在这方面要端正心态,找准自己的角色,应教会学生学海泛舟,养成独立学习的良好习惯及智力品质,使他们学会分析、评价自己的学习过程。班主任要做学生的参谋、顾问、指导,当好学生学习和成长的引路人、组织者、管理者。

二、自我积累,自我发展,寻找多种途径提高自身素质

案例

舒达

和上一案例中的张老师一样,李老师也自小没接受过音乐方面的教育,这一直成了他的一块心病。想到自己当班主任难免要接触这方面的知识,于是,他开始了他的音乐学习之路:

他先是自己揣摩了一下班级在参加学校的各项活动时会用到哪些音乐知识,认真向学校的音乐教师请教,倾听他们的建议。后来他还买了一些磁带、光盘对照学习,一段时间下来就有了一些收获。

他的儿子参加了钢琴学习。就是这样一个偶然的机会,他

跟着儿子一起，从最简单的乐理知识开始学习。几个月下来，从没接触过乐器的他竟能在钢琴上弹一些简单的乐曲……他在心里想：自己虽然只是接触了音乐的皮毛，但较之以前，已是很大的进步。他开玩笑说："以后搞文娱活动，心里有点儿底了！"

新时代的学生，思维活跃，求知欲强，接受新事物特别快，班主任如果能在专业以外的其他方面给他们以指导、影响或鼓励、支持，与之心灵相通，就更易赢得学生的信赖和敬重。

人非生而知之，有很多东西都可以通过后天的学习得到。"问渠哪得清如许？唯有源头活水来"。班主任只有不停地去学习、自我积累，才能换得自我发展。班主任通过实践、进修、自学、学术研究、娱乐学习等多种途径提高自身素质。在这方面，班主任要做到：

1. 要培养自己的兴趣、爱好借以引导学生的兴趣、爱好

班主任广泛的兴趣爱好可使他不断发现新的知识，有利于辅助教育教学工作。它可使班主任在娱乐之中陶冶自己的情操，逐步形成和完善自己的个性品质，有利于引导和开发出有益于学生娱乐生活的广阔天地。

总的来说，一个具有广泛兴趣爱好的班主任，很容易与各种学生找到共同语言，从而成为学生的忠实朋友。学生们也愿意接受这样的班主任的指导和帮助。

2. 要多动脑筋，多想办法，坚持不懈，努力提高自身素质

马卡连柯曾经说过："学生可以原谅教师的严厉、刻板甚至吹毛求疵，但不能原谅他的不学无术。"

事实上，只要做一个有心人，生活中时时处处都能找到学习的机会。没接受过一天师范教育的任小艾老师在自己的专业成长过程中如饥似渴地学习，她写的读书笔记和日记超过她的身高！

班主任应该积极参加各种实践活动，在实践活动中获得多方面的新知识、新经验，并通过知识的实际运用去深化、发展知识。

班主任要有进修学习的愿望和计划。如果条件允许，可以离职去进修；条件不具备，则可以通过函授、电大、自学考试等形式学习。进修应具有一定的目的性和计划性，要利于知识的迅速增长。

自学是经常运用的学习方法,可事先拟订切实可行的自学计划。在学习过程中把精读与博览相结合,把通读与精思相结合,把略读与详读相结合。

娱乐是人们最倾心的活动,可通过有意义的娱乐活动来学习、增长知识。例如参加歌舞晚会、诗歌朗诵会、演讲会、绘画、书法展览、游览风景胜地、欣赏电视、电影节目等。通过娱乐活动获得知识,对于提高班主任的综合素质大有裨益。

三、扬长避短,巧借外力,素质短缺同样精彩

案例

舒达

陈老师是一个有十余年班主任工作经验的教师,他的班主任工作深受学生、家长、学校的认可。在谈到自身素质方面的问题时,他说:"我自身素质也有很多短缺,但我在工作中注意扬长避短,善于借助外力的帮助!"

2010年,他接手一个有45名学生的班级。这是一个普通班。和其他班级的学生一样,班上真正有特长的学生并不多。但陈老师精心组织,让这45名学生排演出了一台包含诗朗诵、合唱、器乐演奏、舞蹈等20个节目的晚会,并邀请了学校全体老师、该班全体家长观看,获得老师和家长的赞誉。

说实话,陈老师在艺术方面也懂不了多少。有何秘诀?其实,聪明的他求助于各任课教师、有爱好的家长、有特长的学生,让他们根据自己的特长各自负责一些节目。而他,在整个过程中,只当"总导演":负责安排和节目验收!

陈老师的成功说明:自身素质有短缺的班主任也能做得精彩。只有像陈老师这样做,班主任才能从繁杂的事务性工作中解放出来,让班级管理由孤军奋战变为全员参与。

班主任理应探索自己的专业化发展道路,作为自身素质有所欠缺的班主任更应针对自身不足多花工夫。相信通过不断努力,不断自省,不断超越,一定会弥补自身短缺,在班主任这条路上越走越稳,越走越好。

第三节 班主任应走专业化之路

班集体是中国基础教育的一个特色。班主任的工作特性,要求班主任必须号准时代的脉搏,勇于瞄准较高境界的人格品质,适时进行自我内省、自我调整、自我建构,才能着眼于时代新需要、工作新要求、家长新期望来做好班主任工作。但是,在教育成果的"指标化"以及全社会对教育的高度关注背景下,班主任的心理承受力受到挑战,职业的特殊性决定了班主任常常超负荷运转,过重的工作压力导致班主任心理空间被严重挤压,传统观念和社会现实之间的冲突也扰乱了班主任的心理平衡,班主任身心健康受到了极大损害,思想观念逐渐异化,岗位光荣感、职业自豪感逐渐丧失。

我们认为,在目前教育教学体制和班主任工作机制改革中,班主任只有正视现实,把握时代脉搏,抛弃怨天尤人的情绪,与时俱进,勇于进取,本着"开创新局面,寻求新途径,实现新突破"的思路,从"班主任专业化"的新视角,重新审视自己和自己的工作,不断提高自己的综合素质和工作效能,才能赢得在社会结构中应有的地位,才能找到工作的乐趣和职业自豪感。也只有如此,才能真正拥有良好的心态和心理上的安全。

一、班主任应有"专业化"的职业新认识

我们知道,教师职业有自己的理想追求,有自身的理论武装,有自觉的职业规范和高度成熟的技能技巧,具有不可替代的独立特征。教师,特别是班主任,不仅是知识的传递者,而且是道德的引导者,思想的启迪者,心灵世界的开拓者,情感、意志、信念的塑造者。但是,

长期以来,班主任的重要地位和作用没有得到应有的体现,班主任作为教育体系中的独立个体没有得到充分的尊重,班主任的专业化发展长期被忽视,班主任工作缺乏行之有效的组织管理、科学系统的培养和准确到位的评价激励。

班主任专业化是时代发展的必然趋势。如今教育发展的方向是在"以人为本"的理念下构建人的生命价值(情感、态度、价值观等)的"全面教育"。就现实的需要而言,不仅要求班主任具备高尚的人格、远大的理想和用心去关爱学生的思想意境,还要求班主任懂得心理学、社会学、管理学等专业知识,具备广泛的交际沟通能力、处理突发事件的能力、心理疏导和调适的能力等。所以,班主任就必须由"敬业式"、"经验式"向"专业化"转变。班主任只有向"专业化"方向不懈努力,才能享受到班主任劳动的快乐和幸福,才能真正给学生营造家的氛围,为学生创建良好的精神家园,将班主任工作真正做到得心应手。

班主任专业化是教师专业化的一个特殊方面。班主任专业化的特殊性,可以概括为两个方面:一是从教育劳动的性质看,主要是与学生心灵沟通,促进其精神发展的精神活动;二是班主任有其特殊的教育操作系统,组织、教育、管理班级的知识和能力,是班主任专业化特有的要求。班主任专业化是关注班主任成长、帮助班主任实现专业追求、提高生命质量的过程,是人的可持续发展和教育可持续发展的必然要求。

班主任专业化将从根本上改变班主任的职业形象。班主任工作是一项专业性很强的工作。班主任关注的是人的培养,应"以人为本",深入学生内在的生命价值层面上,以发展的理念对待每一位学生,用爱去呵护每一位学生。因此,班主任光靠勤奋和尽心不一定能做好工作,而将班主任工作提升到"专业化"的层面来认识,用"专业化"的体系来规范,用"专业化"的机制来运作,用"专业化"的标准来评价,就可以从根本上降低班主任工作的"随意性",弱化"经验性",减少"盲目性",相应提高班主任工作的目的性、计划性、智慧性,逐渐建立班主任工作新机制、树立班主任职业新形象。当然,这就要求我们班主任自觉而努力地学习,全面提高班主任工作艺术和热情,更好地为学生服务。班主任只有自己行动起来,不断提高专业知识和专业能力,努力使自己从经验型的班主任向研究型的班主任发展,使自己的专业成熟程度不断提高,真正成为训练有素的不可替代的角色,才能从根本上改变班主任的职业形象,提高社会地位和学术地位,使班主任成为令人尊敬和羡慕的职业。

二、班主任应形成"专业化"的教育新理念

新课程规范的班主任专业化的核心理念是:班主任是学生主要的精神关怀者,而不是我们从前认为的单纯的班级管理者。班主任应全面关心学生发展,包括关心学生的生活、健康、学习、心理、道德,即关怀学生的自然生命和精神生命。对学生的精神关怀是班主任的主要使命。精神关怀主要是关怀学生在心理健康、道德情操、审美情趣等方面的成长与发展,关怀他们当下的精神状况和未来的精神发展。对学生的精神关怀是班主任最根本的教育理念、最重要的教育品质。关心、理解、尊重、信任是关怀情感的基本表现,也是学生基本的精神需求,是班主任专业化劳动的基本内容。学会关心、理解、尊重、信任学生,是对班主任专业化的必然要求。

如果每一位班主任都以"关心、理解、尊重、信任"为支撑来建构自己的教育理念,自觉实现由单纯的班级管理者向主要的精神关怀者、人生引领者、潜能发掘者、智慧拓展者的转变,就能够摆脱"及格率"、"优秀率"、"升学率"的片面目标牵引,不再将"学优生"、"学困生"、"好生"、"差生"等不科学、不切实的差异性标志强加给学生和家长;就能够面向全体学生,以平等的人格、平和的心态,充分履行教育者的职责,充分发挥教书育人的职能,使每一个学生都得到成才的肯定、成人的激励和成长的鞭策;就能够平静地面对学生的一切,学会将学生在成长中出现的问题放到发展的过程中去解决,使学生在老师特别是班主任对其某一"闪光点"的褒扬中获得成功的自信和成长的喜悦。那么,教育就将成为能动实现"面向全体、全面发展、主动发展"的素质教育思想的成功载体,学生就将摆脱学习的"痛苦"而在阳

光普照下欢欣愉悦地成人成才,班主任也就能够在"专业化"的层面上愉快地开展工作,既在学生的成人成才中获得喜悦,又在工作的操作实践中获得成功。

三、班主任应提高"专业化"的工作新素质

21世纪中国的基础教育改革已经进入了以新课程为载体、以加强德育为核心、以培养学生的创新精神和实践能力为重点、全面推进素质教育的新阶段。班主任专业化素质直接关系到素质教育的成败。只有把班主任个体素质的要求提高到专业化的标准来评价,把班主任工作提升到专业化的高度来建设,班主任工作才能实现新突破。

一般而言,班主任专业化的个体素质包括:一是专业化的理念。如:"育人为本"的教育观、"认识学生,研究学生"的学生观、"发挥学生的潜能,相信每一位学生都能成功"的人才观、"以学生发展为核心"的教育评价观等等。二是专业化的精神。如:关爱精神、敬业乐业精神、学而不厌精神、教育创新精神、勇于负责精神等等。三是专业化的道德。如:爱岗敬业、团结协作、献身教育、热爱学生、促进发展、以身作则、为人师表等等。四是专业化的知识。如:现代班集体建设要素、比较完善的基础科学文化知识、边缘学科和新学科知识、最新科学技术和社会科学信息等等。五是专业化的能力。如:学习能力、组织能力、交际能力、科研能力、洞察能力、自我发展能力、创新能力等等。

虽然这个素质模型有待斟酌,需要完善,但只要我们每个班主任都瞄准班主任专业化个体素质建设目标,始终坚持把"学习——反思——研究——总结——实践——升华"作为自我培训的基本模式,在学习中反思工作中遇到的问题,带着问题去研究探索,寻求解决问题的方法,对自己和学生的思想行为特点进行分析和总结,掌握其中带有普遍性、规律性的东西,从而改进我们的教育工作实践,我们的专业素质就会得到大幅度提升,专业能力就会得到大幅度提高。这样,我们开展班主任工作的思路就会更加开阔,方法就会更加切合实

际，解决问题的途径就会更加灵活多样，工作的效率和产生的效益就会成倍增长。在这个过程中，班主任工作中的各种压力就会相应降低、减弱，班主任的理论素养和专业内涵将得到极大丰富，教育艺术与教育实践将得到有效整合。班主任通过感受教育的乐趣和成长的喜悦，真正成为工作的主人，从而实现由集体"反叛"到想做、争做、会做班主任工作的目的。

参考

走向班主任专业化

王桃英

班主任专业化是关注班主任成长、帮助班主任实现专业追求的过程。在素质教育和教师专业化发展的背景下，班主任工作必须由"经验型"向"专业化"转变。

一、对班主任专业化的认识

（一）班主任专业化符合教育职业专业化发展的要求

早在1966年，联合国教科文组织和国际劳工组织颁布的《关于教师地位的建议》中就明确指出："应把教育工作视为专门的职业，这种职业要求教师经过严格的、持续的学习，获得并保持专门的知识和特别的技术。"把教育工作视为专门的职业，要求教师职业的专业化，同样，也要求班主任职业的专业化。正如美国学者赛克斯所说："所有的教育类职业都力求专业化，并倾向于在专业化的策略上相互借鉴。"所以，班主任专业化顺应了教育职业专业化的趋势，符合教育职业专业化发展的要求。

班主任专业化有利于提高班主任的社会地位和专业地位。社会地位的提高包括社会声誉和经济待遇的提高，与其专业地位的提高密切相关。班主任只有自己行动起来，努力提高专业知识和专业能力水平，使自己从经验型的班主任向专家型、研究型的班主任发展，使自己的专业成熟程度不断提高，真正成为训练有素的不可替代的角色，才能从根本上改变班主任的职业形象,提高班主任的社会地位和专业地位。

(二)班主任专业化是教育发展的必然趋势

就现实的教育需要而言,班主任不仅需要具备高尚的人格和用心关爱学生的思想境界,还要求班主任懂得教育学、心理学、社会学、伦理学、管理学等相关专业知识,具备班级教育与管理能力、建设班级文化能力、形成班级教育合力能力以及心理辅导能力等等。所以,光靠勤奋和尽心不一定能做好工作,而将班主任工作提升到"专业化"的层面来认识,用"专业化"的体系来规范,"专业化"的机制来运作,"专业化"的标准来评价,就可以从根本上减少班主任工作的盲目性和随意性,提高班主任工作的目的性、计划性和智慧性,逐渐形成班主任工作新机制,树立班主任职业新形象。

班主任工作是"以心育心、以德育德、以人格育人格"的过程。班主任不仅要通过自己的教学工作进行教书育人,通过对班级的组织管理进行管理育人,而且要为学生的全面发展服务,进行服务育人。班主任对学生影响的全面性、深刻性和复杂性必然要求班主任成为专业化的教育工作者。

(三)班主任专业化是提高班级管理水平的需要

班主任工作是影响班级管理水平的关键因素。班级管理的对象是充满个性差异的具体的人,班主任对班级实施有效管理,不仅需要自身人格力量的支持,更需要具备相当的教育智慧和专业能力。班主任只有向"专业化"方向不懈努力,才能不断提高班级管理水平,才能真正给学生营造民主、平等、和谐的氛围,班主任自身也才能真正享受到工作的快乐和幸福。

二、如何走向班主任专业化

(一)树立班主任专业化的意识

班主任专业化是一种理想目标和动态过程。从个体来看,班主任专业化是班主任个体专业不断发展的动态过程。所以,首先,班主任自身要树立专业化的意识。班主任应该是学生精神的关怀者。因此,班主任只有转变观念,与时俱进,勇于进取,以"专业化"的视角审视班主任角色和班主任工作,不断提高自己的专业素质,才能赢得自身在社会中应有的地位,感受到工作的乐趣和职业自豪感。

其次,学校校长要树立班主任专业化的意识。在一些校长眼里,班主任只要保证学生不出事,把安排的工作落实好就可以了,并没有深刻认识到班主任工作的实际价值。在这种情况下,班主任尤其是班主任群体的专业化很难实现。实际上,学校工作能否顺利进行,班级管理是否有效,学生能否全面发展,任课教师之间能否有效协调以及家长与学校是否有效沟通,班主任都起着非常重要的作用。所以,班主任专业化不只是班主任个人的事,更是学校的一项重要工作。学校要为班主任的专业化发展提供帮助和支持,才能使每位班主任将专业化由无意识行为转化为有意识行为,由个体行为变为群体行为。

(二)创立职前职后一体化的班主任培养培训模式

首先,师范教育要加强班主任工作课程的教学。目前,师范类院校极少开设班主任工作的课程。即使有,也是作为公共选修课而设置的,其效果可想而知。在教育实习中,尽管有的师范生做过实习班主任,但由于种种原因,实习时原班主任一般不愿放手,结果使得实习流于形式。这就造成了班主任专业化的先天不足。为此,师范教育机构要调整课程结构,加强班主任工作方面的课程设置和教学,使师范生掌握较系统的班主任工作理论,从而奠定班主任专业化的知识基础。

其次,强化职后的班主任专业培训。目前教师专业培训中,涉及班主任工作的培训很不完善,显然不利于班主任的专业化发展。为此,教育行政部门已出台相应的班主任培训政策,督促各级教育主管部门和各学校加强对班主任的培训,为班主任的专业化发展创造良好的外部环境。

对学校而言,班主任的校本培训是班主任专业化的根本。学校可以开设班主任论坛,请优秀班主任对新班主任"传帮带",开展班级活动观摩,进行班主任工作案例研究等。通过这些校本培训,让班主任分享经验教训,互助解决问题,催生工作智慧,促进班主任专业成长。

(三)引导班主任在实践中反思,在工作中研究

反思是班主任以自己的班级管理活动等班主任工作为思考对象,对自己作出的决定、行为以及由此产生的结果进行审视和分析的过程,是一种通过提高班主任的自我觉察水平来促进其专业能力发展的路径。波斯纳曾提出过一个教师成长的简要公式:经验+反思=成长,并指出,"没有反思的经验是狭隘的经验,至多只能形成肤浅的知识,如果教师仅仅满足于获得经验而不对经验进行深入的思考,那么他的发展将大受限制"。班主任的专业发展是一个"学习——实践——反思——学习——实践"的过程,为此,我们应充分重视反思在班主任专业成长中的作用,引导班主任在实践中反思,在反思中成长。

班主任参与教育科研是实现班主任专业化的必由之路。班主任开展教育科研,一方面可以增强问题意识,促进自己对各种教育现象的关注,对在班级管理过程中遇到的各种问题进行反思;另一方面可以促进自己对教育科学知识、专业理论的渴求,促使自己广泛搜集研究资料和成果,不断更新专业知识结构。可见,班主任开展教育科研,不仅是改进工作的有效方法,而且是提升专业素质的有效途径。

班主任应当学会以研究的态度工作,在工作过程中研究,在不断的研究与工作中确立先进的教育思想和管理理念,掌握科学的研究方法,提升自己的专业水平。

(四)建立健全班主任专业化制度

专业化的目标,意味着对班主任要有一个选拔、任用和培养的过程。在选拔与任用上,要制定班主任的选用标准。《中共中央国务院关于进一步加强和改进未成年人思想道德建设的若干意见》中明确指出,"要选派思想素质好、业务水平高、奉献精神强的优秀教师担任班主任"。因此,要把符合这些条件的、热爱学生、热爱班主任工作的优秀教师吸纳到班主任队伍中。在班

主任专业化成长过程中，要把班主任培训规范化、制度化，使班主任的专业发展走向有序、有组织的状态。为此，可以参考和借鉴教师职称评聘制。根据班主任的学历、任职年限、所任班级的变化、考核结果、班主任与班级在各级评比中所获得的荣誉和奖励、班主任的科研成果等评定班主任职级。这种做法有利于调动班主任的积极性，也有利于激励班主任进行专业追求，获得专业发展。

第四节 班主任专业化发展的误区

随着时代的发展和新课程改革的广泛深入，社会对教师的专业化素质要求越来越高，作为教师专业化的发展和延伸，班主任专业化的研究和探索也为大家所重视。班主任工作更应把握时代脉搏，顺应教育发展的趋势，以追求改革创新为动力，以优良的教育质量为目标，实现班级每一个学生的优质发展。面对新的教育理念，班主任应该走专业化发展道路，这既是社会赋予我们的神圣使命和责任，也是摆在每位教育工作者面前的一个崭新课题。很多班主任对专业化的概念并不明晰，对专业化的意义也不甚关注。班主任应注意避免以下误区：

一、不重视理论指导，工作处于经验状态

部分班主任工作往往是以经验为先导，缺乏理论指导，在摸索前进中走过许多弯路才能获得理论层面的教育观念。有人认为对学生越严格、越苛刻就越有利于学生的发展，"打是亲，骂是爱"，结果使不少学生产生不同程度的心理障碍，如过度自卑、焦虑等。有的班主任认为对学生越"疼爱"就越利于发挥"师爱"的作用、越能感化学生。结果导致学生的自立能力、承受挫折能力的下降，学生因自身偶然失误而导致过度自责和人格自我贬低。

二、不重视预测班级学生思想动态,工作处于被动状态

部分班主任在班级管理中拥有绝对权威,不善于根据学生的生理、心理、思想特点教育学生,往往用规章制度去限制学生,要求学生必须绝对服从,只能听而不问、信而不疑。这种做法对于学生形成良好行为、矫正不良习惯起到一定的积极作用,培养出来的学生固然守纪、顺从,但他们亦步亦趋,依赖性强,独立性差,缺乏主动性、创造性,更谈不上具备时代所要求的创新精神。

三、忽视科学组织教育活动,工作处于应付状态

老师们把班主任看作教书的"副业",既不看重这项工作,也不注重业务水平的提高,"兼一兼"、"代一代"、"熬一熬"、"帮一帮"的情况还相当普遍,以致班级工作只能在低水平上徘徊,班级建设工作成了可有可无的事。把本来极富创造性的工作简化为简单的重复劳动,结果适得其反,导致学生形成逆反心理,耗费了很多时间与精力,但收效甚微。有些班主任往往是满足完成上级布置的任务,上级布置什么就做什么,充当了上传下达的"通讯员"角色,因而工作往往是被动服从,缺乏自身的独立性,甚至带有一种盲从性。倾向于把自己的班级看作一个单元,并把它与外界隔绝开来;管理班级自己一人包干,管理范围只局限于学生在班在校的时候,结果往往导致"狭隘的集体本位主义"。

四、工作处于短视状态

德育过程就是一定社会的要求通过教育使之成为受教育个体思想品德的过程。德育过程的这种社会性特点,客观上容易导致教育者侧重为当前时代的需要服务,强调对时代的适应性,而忽略了德育功效的未来性,进而忽略了个体素质发展的可持续性。不少教师对德育重要性的认识非常淡漠,他们一心追求学习上的高分数,忽视了对学生道德品质的培养。班主任的工作是每天同学生打交道,而人

的塑造和教育是一个长期的工作,对问题学生更需要倾注大量的时间和精力。部分班主任没有帮助学生发展的教育理念,认为在自己的任期内不出事就行,结果发展中存在好多显性和隐性的障碍。同时,教师只是把班主任工作作为本职工作来做,而没有想到在教育活动中体现自身的价值。

案例

班主任专业化成长的典型个案

田恒平

背景介绍

王立华,全国十佳班主任,山东省临沂八中班主任。近几年,在中小学班主任工作领域,王立华无疑是一位引人注目的教师。这不是因为他尽管刚28岁、参加工作9年,却发表了很多对班主任工作进行思考的论文,引起了广泛关注;也不是因为他在《中国教师》、《辅导员》两家杂志社和北京成之路文化教育研究院联合举办的"十百千全国最佳优秀班主任"评选活动中喜获"全国十佳班主任",而是因为他通过自己的研究、写作和教育实践,成就了一个班主任专业化成长的典型个案。

案例展示

从走上讲台的那一天开始,他就思考着如何提升自己作为一名班主任的专业素养以教育和管理好学生。从全国整体情况来看,我国中小学目前实行的是班级授课制,班主任在学生的教育和管理中起到至关重要的作用。因此,他认为要加强班级学生的教育与管理,全面提高班主任的专业素养是关键。要提高素养,首先得研究班主任这一岗位的专业特点。经过论证后,王立华向当地教育科研主管部门申请立项,"班主任岗位专业化理论与实践研究"成了他在"十五"期间的重要研究方向。经过两年的实践性研究,课题于2001年7月顺利通过了区教育科研主管部门的鉴定。在进一步的探讨中,王立华将对"班主任岗位专业化"的认识提炼为"班主任专业化",并继续研究和实践。在几年的探索中,王立华对于班主任专业化的理论建构给予了足够的关注。

"班主任专业化是指班主任在整个专业生涯中,依托专业组织,通过专业训练,逐步具备推进班主任工作的理论素养、文化底蕴、学术水平与实践能力,并按照有关规定履行班主任职责的可持续发展过程。"

——《我国中小学班主任制的当代发展》

"班主任专业化成长中,个人应该主动塑造自身的专业形象:在专业道德上,完成从教育事业的奉献者到教师生命的提升者的转型;在专业知识上,完成从知识体系的完善者到知识体系的拓宽者的转型;在专业能力上,完成从教育研究的跟随者到教育研究的先行者的转型;在专业文化上,完成从教育理论的消费者到教育理论的创生者的转型;在专业智慧上,完成从教育智慧的守望者到教育智慧的生发者的转型。而在具体的实践中,班主任应该从自己的教育理念的形成与丰富、教育原则的确定与坚守、教育内容的开发、教育策略的选取、良好的工作习惯的养成与坚持等五个维度来全面提升自己的专业水准,赋予自己专业形象。"

——《班主任专业化的实践诉求——从"主体论"的视野分析》

"班主任专业化成长中,学校应该践行以下程式:一是兴趣调查,建立班主任的人选资源库;二是科学测评,确定班主任的人选资格;三是上岗培训,提高班主任的工作水准;四是制定目标,明确班主任的发展方向;五是形成机制,提供班主任的成长保障;六是营造环境,确保班主任的健康发展;七是及时肯定,提高班主任的成长速度。"

——《建构机制:学校在班主任专业化中的有效作为》

王立华建立在实践基础上的理论探讨形成了大量的文字,散见于《班主任之友》、《班主任》等报刊,以《素养专业化:班主任成长的现实呼唤与实践回应》、《专业自主:我国中小学班主任工作范式转型的方法论》、《实践对接:班主任工作理论应用的范式转型》等文为代表。

王立华对班主任专业化内涵的探索,不仅找到了打造自己的专业素养的逻辑起点,而且揭示了班主任专业化的价值本体。正因如此,王立华的教育理念才不会匮乏,精神上也就有了皈依,他的班主任工作实践自然也就有了灵魂。

一个人的工作往往成就于习惯,然而,一个人最难改的也是习惯。一个看似不经意的工作习惯,内在支撑的往往是一个人的价值观。班主任对自身的工作习惯应该进行深刻反思,并在此基础上革除不利于个人专业化成长的不良习惯,培养好的习惯,这是需要勇气和毅力的。

在几年的实践中,王立华慢慢养成了阅读、思考、写作、研究四种习惯。由于养成了勤于思考的习惯,王立华连日常学生和他打招呼都能分析出"学问"来。王立华说,学生和他打招呼的方式不外乎这几种:"老师好!""老师您好!""王老师好!""王老师您好!""老王头好!"而有的学生一见面则冲老师扮个鬼脸。同样是一个班级的学生向他打招呼,为什么问候语不一样?王立华认为这与师生关系的疏密有关系。"老师好!"是一个没有感情色彩的问候,表明教师与这位学生的关系不融洽,学生可能不认可他,他的教育意图在学生身上落实起来会很费劲。"老师您好!"是一个很恭敬的称呼,里面隐含着敬畏,说明这位学生有些怕他,这些学生会防着他。而冲他扮鬼脸的学生,则很信任他,他的教育意图在这些学生身上落实起来会比较顺利。

阅读经典是王立华的另外一个习惯。"不出户,知天下;不窥牖,见天道。"阅读经典是一个人生命成长的需要。因此,参加工作几年来,他买了大量的专业书籍,不断拓展自己的知识面。阅读、思考、写作、研究这四种习惯是王立华的教育存在、生活、表达和提升的个性化体现。在这些良好的习惯中,王立华改变了自己的教育行走方式,不断地提高着自己的专业素养。

1. 学生监督:专业化成长的有效保障

对于外在的监督,"有之则必然,无之则必不然"。班主任在打造自己的专业素养时,在依靠提高培训、学校约束的同时,还必须借助其他监督力量。王立华选取的监督力量则是他的学生。有企业和企业之间签合同的,也有职工和公司之间签合同的,却很少听说过学生和老师签合同的。可是在王立华任班主任的班级里,我们发现了一份老师和学生签订的《关于共同背诵500句优美诗句》的特殊合同。

翻开王立华的班级档案,还有很多这样的合同:《关于课前两分钟做好上课准备的合同》《关于说普通话的合同》、《关于每周熟读一篇美文的合同》……在《关于说普通话的合同》中,我们看到签约的甲方为2001级7班全体同学,代表是班长聂剑;乙方则是王立华。合同概括起来有四个方面的条款:一是师生在任何场合下都要说普通话;二是本合同自2001年9月起生效,并在以后的生活中永远有效;三是老师要负责对全体学生进行普通话培训,并保证授课15节以上;四是如果有违反合同者,用普通话读一篇初中生必背古诗词给大家听。因为有了这份合同,王立华和学生们相互监督着共同说普通话,他们的普通话水平提高得很快,到毕业时都可以说一口比较标准的普通话了。王立华和学生签的合同,短则一周,长则一月,最长的是一生。像多媒体技术的使用,王立华和学生签约一周。一周后,他要在上课时展示自己使用多媒体设备的熟练程度。而说普通话等合同,他们的签约时限为一生。王立华经常和学生签合同,并不折不扣地履行合同,师生在合同的督促下共同受益,他自身的专业素养也得以提高。

2. 遵循原则:专业化成长的长效历练

一个班主任必须有自己的工作原则,否则他在推进教育实践时就会由着自己的性子,随着自己的心情"想怎么做就怎么做"。这样,班主任工作就没有了重心,不能形成自己的工作个性不说,还不符合班主任专业化的要求。而遵循自己的工作原则推进班主任工作,既摆脱了工作的盲目性,也是一个班主任实现素养专业化不断提升的长效历练。

王立华给自己一共确定了民主化、科学化、艺术化、发展性、生命性、权变化六个工作原则。原则确定之后，他又在工作中用一个个成功的个案不断进行注解。让我们来看他是如何坚持工作原则的吧！比如"艺术化"原则。班主任与新一届学生第一次见面，一般都少不了点名。点名实际上只需要5分钟就能完成，很小的一件事情。经验性的做法是老师在讲台上依次点名，学生逐一应声起立喊"到"。师生高下之别，在这第一天的见面会上便见了分晓。王立华不然，他艺术化地设计了这一细节：他让学生逐一走上讲台，自作介绍；然后将名字写到黑板上，编上自己初中三年永久使用的学号。64位学生全部介绍完毕，王立华也像学生们一样，走上讲台，工工整整地写上自己的名字，认认真真地作自我介绍，然后将自己编成第65号。最后，他郑重地向大家宣布："我是咱们班的第65名成员！"学生们先是一愣，随即便欢呼起来。

　　师生的第一次"见面"不单是形式上的翻新，更是观念上的更新，打破了师道尊严的禁锢，走进了人格平等的园地。65个鲜活的生命，从一开始就不分高低贵贱地融为一体，让平等的魅力放射出美丽的光彩。

　　3. 学生发展：专业化成长的最佳体现

　　王立华认为，对于学生来说，班级的编制是偶然的，归属是带有强制性的。尽管学生的年龄相同，学生的成长需求却迥然不同，学生的成长轨迹自然也是不同的。从这个意义上讲，班主任要把为每一个学生提供个性化的发展计划作为自己的主要工作内容，而这也是班主任专业化的最佳体现。

　　王立华认为，学生个性化发展的宗旨在于培育学生的个性，张扬学生的个性，为学生的个性化发展提供蓝图。他的具体做法就是：通过研究学生的当前实际情况，帮助每个学生制定个人发展计划；帮助学生明确富有特色的发展方向、发展领域；通过开设个性化的班级课程，支持每个学生在自己喜欢的领域获得更好更快的发展。

那么,到底如何帮助学生制定个性化的发展计划呢?王立华开辟了一条新思路——把每一个学生当课题来研究。

在王立华的办公室里,整齐地摆放着一个个档案盒,里面都是他为学生确立的科研课题。王立华结合每个学生的个性特点、学习水平、思维品质等具体情况,征得学生的同意后,为每个学生确立一个符合实际的科研课题。而且,他把学生也纳入研究体系,让学生和老师一起研究自己的成长。

【点评】

一个人的工作往往成就于习惯,然而,一个人最难改的也是习惯。一个看似不经意的工作习惯,内在支撑的往往是一个人的价值观。班主任对自身的工作习惯应该进行深刻反思,并在此基础上革除不利于个人专业化成长的不良习惯,培养好的习惯。这是需要勇气和毅力的。阅读、思考、写作、研究这四种习惯是王立华老师的教育存在、生活、表达和提升的个性化体现。在这些良好的习惯中,王立华老师不断地提高着自己的专业素养。

王立华老师把个人专业发展立足于学生发展上。他经过前测、可行性分析、帮辅策略的论证等,对每个学生的性格、学习水平等情况了如指掌,在帮、辅、引导学生时,就有了很强的针对性,给每个学生的发展提供了最合理的发展方向和途径。而学生自己也参与到研究中来,研究自己的成长,能一步一个脚印,不断向新的自我发展,实现自己在这个年龄段特有的生命价值。帮学生制定个性化的发展计划,实际上就是为了开发每一个学生的生命潜能,这虽不要求班主任学富五车,但需要班主任熟知教育学、心理学等相关学科知识。一个班主任如果能科学、有效地开发学生的生命潜能,应该说他就已经具备了专业素养。综观王立华几年的实践,他做到了。班主任的专业成长,并非王立华首创,关于这方面的论述随处可见。面对这些理念,王立华是一个虚心的学习者,更是一个辩证的实践者。几年来,他有着自己的思考、自己的感悟、自己的实践。他的探索对今天来说并非尽善尽美,但他勇敢地走出了一条属于自己的专业化发展路子,一条令人耳目一新的成长路径,为我们成功树立了一个班主任专业化成长的典型。

比尔·盖茨说:"我是一个爱构想自己人生地图的人,这是我成就事业的基础。"他还说:"善于少走弯路的人,总是一个用头脑驾驭自己人生每一步的聪明人。"班主任不应该仅仅满足于管理学生或者教育学生,还要关注学生的长远发展。班主任应该是学生发展的设计师,开发学生的潜能,满足学生长期发展的需要。班主任自身的专业发展也需要具有"设计师"的意识,能够有意识地对自己的终身专业发展制定规划,这样才能从根本上促进学生发展。

第三章 班主任基本修养与素质

学校教育是一项系统工程,"班"是实施这项工程的基层组织。不论是进行教学活动、思想政治教育或开展课外活动,都需要班主任去组织实施。因而,班主任素质的高低、功底的扎实程度与其所任班级的班风、学生的学风和精神面貌有密切关系。加强基本功训练,对提高班主任自身素质、带好班集体是至关重要的。

第一节 班主任的基本修养

教育是一种心灵的影响活动。因此,一个优秀的班主任应该具有崇高的理想、高尚的品德、高雅的举止,并以此来影响学生、感染学生,促进学生良好道德品质的形成。

学生心理活动的一个重要特点是有很强的模仿性。班主任的言行直接作用于学生的灵魂,影响着学生的内心世界,对学生的思想品德有耳濡目染、潜移默化的作用。在道德行为上,班主任的道德具有强烈的示范性。"学为人师,行为世范",班主任要时时处处严格要求自己,为学生作出表率。身教重于言教是中国教育思想的优良传统,也是国外不少教育家一致公认的施教原则。

一、正确的政治方向和科学的世界观

班主任坚定正确的政治方向影响着学生世界观的形成。素质教育,其中重要的一环就是对学生的政治素质的培养。衡量人才的标准首先是其世界观。只有政治素质高、有科学世界观的人,才会对社

会作出贡献、有益于社会。班主任要鲜明地热爱祖国和人民,热爱社会,求真,向善,爱美。班主任自身树立坚定的政治方向,才能对学生进行卓有成效的教育,引导学生树立正确的人生观和世界观,才能教会学生识别真、善、美与假、恶、丑。

二、高尚的职业道德

(一)热爱教育事业、热爱班主任工作

热爱教育事业,是对每个班主任、每个教育工作者职业道德的基本要求之一。要想成为一名优秀的班主任,首先要有事业心。有了强烈的事业心,才能在平凡而又艰辛的岗位上,孜孜不倦地工作,默默无闻地奉献,把自己的毕生精力和才华都献给祖国和人民的教育事业。像伟大的人民教育家陶行知,他就是"捧着一颗心来,不带半根草去",为人民的教育事业奋斗终生。

我国现阶段班主任的工作和生活条件还比较差。这就需要班主任依靠强烈的事业心,主动地战胜一切困难,完成党和人民委以的重任。对社会主义教育事业具有强烈的事业心,是所有优秀班主任的共同特点之一。

(二)热爱学生、尊重、信任学生

热爱学生是教师做好一切工作的前提条件。教师只有爱学生,才能更好地实现教书育人的任务;只有爱学生,才能唤起学生尊敬教师的感情,学生才能听从教师的教导,按照教师的要求去做。

热爱学生是班主任职业情感的集中表现,是教书育人的重要因素。班主任的教育对象是学生。学生都是富有感情的活生生的人,教师只有付出真诚的爱,才能使学生体验到人间的温暖,将外在的道德和行为规范转化为他们内在的心理定势和行为习惯,才能取得良好的教育效果。

(三)为人师表,严以律己

教育是面向未来的事业。苏霍姆林斯基说:"我们手中所掌握的

是世界上的无价之宝——人。"青少年学生是有思想、有感情、有个性的人。学生常常把教师看作知识、智慧、理想人格的化身。所以,作为塑造人类灵魂的工程师——班主任,必须严以律己,以身作则,为人师表;必须具备诚实、正直、言行一致、表里如一、言传身教的良好道德品质。凡要求学生做到的,自己应首先做到;要求学生不做的,自己坚决不做。班主任的言谈举止是对学生的一种无声的强大教育力量,对学生行为习惯的影响是难以估量的。只有用自己的实际行动,伴之以生动透彻的说理教育,才能产生感染、陶冶学生情感的力量。

案例

爱心传递
——师爱,让每个学生都学会施爱

窦书梅

我班有一个女生——邵兰,她不但学习成绩名列前茅,而且多才多艺,能写善画,能歌善舞。可有一天,灿烂笑容从她的脸上悄然逝去,取而代之的是满面愁云。她的变化立刻引起了我的注意。我多次试图与她交流,然而她却始终不愿向我敞开心扉。这令我焦虑不已。

为了探明原委,我中午急匆匆奔向她的家。一进门,眼前的景象令我震惊:家徒四壁,一铺大炕便是这间屋子的全部。孩子的父母看到我,先是一愣,继而紧紧地拉住了我的手。谈话中,我知道孩子的家境原本不错。可天有不测风云,她的姐姐一个月前得了白血病,家里变卖了全部家产,也负担不起巨大的医疗费用。看着这个贫困的家庭,看着躺在炕上可怜的女孩儿,我的心沉甸甸的,我能感受到邵兰所承受的巨大痛苦。

回到学校,我正积极策划如何帮助她时,孩子却作出了一个意想不到的决定——退学。我和学生们望着和以前判若两人的孩子,泪水模糊了我的双眼。我再也控制不了自己的感情,哭着说:"好孩子,有大家在,再难的事我们一起扛!不能走,老师和同学们舍不得你呀!"听我这么说,孩子放声大哭,泪流满面。她搂住我的脖子说:"老师,我不想走,我舍不得学校,舍不得同学们,更舍不得您呀!"一句句挚诚的话语,叩击着我的心。在我们的坚持下,孩子没有辍学。

"帮人帮到底,送佛送到西。"既然我留住孩子,就要帮她留住这个家。一个人的力量是有限的,我要寻找更多的人一起来帮,众人拾柴火焰高。打定主意后,我向学校汇报了我的想法。学校很支持,帮助我向全区教育系统呼吁了这件事。很快,兄弟学校的捐款送来了,邵兰的姐姐住进了血液病医院。但是更大的问题接踵而来——化疗的费用向哪寻求呢?老师、学生已经尽了最大的努力了。

我寻思,要想解决这笔"巨款",就必须找资金雄厚的对象——村办企业。在这之前,我已经多次找到村委会,并争取到了他们的资金援助。但这次我刚一开口,就被村长用话挡了回来:"窦老师,我知道你是个好人,村里已经够照顾她家了。村上还有很多困难户,我们也无能为力。再说,人家厂子里也有很多工人等着吃饭,哪有闲钱啊!"

这是我第一次吃"闭门羹",弄得我满脸通红。我是个要强的人,三十多年从未求过人,但这次为了学生,我真的什么也不顾了。村里干部说不通,我干脆直接找工厂去。结果,我还没进门,就让人轰了出来。为了能和厂长见面,我接连两个双休日守在厂门口,也没见着负责人。

星期一上课,当我一看到邵兰充满信任、期待的目光,我的脸火辣辣的,心里充满了愧疚。"强攻",看来是不行了,那么就"智取"。经我多方打听,找到了一个在厂子里打工的亲戚。他费了九牛二虎之力,帮我弄到了厂长的电话号码。第一次,我刚一开口,人家就把电话挂了;第二次,还没开口,人家就警告我不许再打;第三次、第四次……后来,人家干脆一见我的号码就拒接。但我却没放弃,这是我唯一的希望了。在我第十次打电话时,对方竟然让我去面谈,时间定在星期六上午。我听了心里乐开了花,真是老天有眼,功夫不负有心人啊!

正巧,星期五晚上,我女儿突然发起高烧,浑身长满了红点点,我在医院守了她整整一夜。第二天早晨,看着因出疹子而呻吟的女儿,我叮嘱一句:"孩子,你好好休息,妈妈有特别重要的事情要去办。"孩子拉着我不让走,我含着泪离开了她。作为母亲,我心怀愧疚。

在厂长的办公室,我见到了这位名震四方的民营企业家。他带着商人特有的精明对我说:"我给你10分钟的时间,看你能从我手里把钱要去吗?"我立刻打开包,掏出了邵兰的成绩单和他们家的合影照片放在桌子上,开了口:"厂长,现在他们之中一个女孩快要失去生命,一个女孩面临失学。他们的父母负债累累,已无力帮助两个女儿。您也是做父母的,您也有儿女,您能眼看着这个家庭遭遇如此大难而袖手旁观吗?"他只是笑了笑说:"这和你有什么关系?你只是一位老师,尽了力就行了,何必总缠着我呢?"

我一下子急了:"谁说没关系?她是我的学生!您可以冷眼旁观,作为老师,我做不到。"我抓起包,转身就往外走。

没想到,还没走出门,身后响起了一个声音:"窦老师,你就是这么求人的吗?我还没有说出我的决定呢!"我站住了。"窦老师,您不停地打电话,为了学生到处奔波、筹钱,早就感动了我。我怎么能置之不理呢?孩子所欠的医药费,我给解决;他的父亲进工厂上班,我给安排;我和镇里说了,再帮他们争取救困资金。这样,可以缓解点压力吧。您看呢?"

我听了,激动得直流眼泪,连忙代表邵兰全家千恩万谢……这时,我才突然想起还在医院的女儿。

当我气喘吁吁推开病房的门,一个瘦小的女孩身影闪现在眼前——是邵兰,她忙碌着,正把刚洗好的毛巾搭在女儿头上。"老师,您去哪儿了?孩子病得这么厉害,您还出去?""没事,先别忙了,老师有个好消息告诉你。你家所欠的医药费解决了,工厂还帮你爸爸安排了工作。"

"真的?"孩子睁大眼睛,惊喜地问,"老师,太好了,太好了!"她激动地抱住了我,久久不放,说:"窦老师,我怎么才能报答您啊!"

我笑着说:"孩子,你这不正在报答我吗?我帮你办事,你帮我照顾女儿,老师还没说谢谢呢!"

"老师……"邵兰的泪水再次滴在了我的手上,热热的……

一方有难,八方支援,一颗颗火热的心温暖了这个濒临绝境的家庭。终于,邵兰又安心地学习了,期中考试还得了年级第一名。

不久,一个不幸的消息又传来,大港实验小学的一位女生也得了重病。同学们听了,义无反顾地捐钱捐物,表现最积极的要数邵兰了。经她组织,同学们召开了一次别开生面的主题班会——"爱心奉献"。他们亲自折叠了吉祥小纸鹤,足足有一千只,默默地为重病中的女孩祝福。邵兰还特意给女孩写了一封信,信中说:"小妹妹,我是你的大姐姐。类似的遭遇,使我更加理解你此时的心情。我把得到的爱传递给你,祝福你在有心人的帮助下,一定会很快好起来……"

校长带着同学们的祝福和信件亲自交到那个女孩手中。终于,她奇迹般地康复了。但,那些动人的场景仍在继续:全校学生自觉组成志愿者小分队,每天课余时间在校园内外捡废矿泉水瓶等杂物,变卖成钱,交给学校红十字会。同学们一直响亮地唱着那首歌:"只要人人都献出一点爱,世界将变成美好的人间……"

【分析】

窦老师的教育案例《爱的传递》告诉了我们一个道理:教师要做好学生工作,根本在于有爱心。

古人云:感人心者,莫先乎情。爱是一种高尚的情感,是师生交流的纽带,是吹动学生进步的春风,是医治学生心灵创伤的灵药。在我们日常教育工作中,面对的是一个个天真活泼的孩子。他们经常会遇到这样那样的困境,碰上这样或那样的难处,从而造成心灵上的挫折与伤害。有的一时不快,有的长时间郁闷,有的则以不同形式爆发,有的甚至积郁成疾。我们班主任就应以高度的敏锐感,洞察每一个学生情绪的点滴变化,关注每一个学生,用浓浓的爱意去感化、去疏导、去抚慰他们,让他们迅速地快乐起来、振作起来。

这里,我们应该把握容易引起学生情绪波动的特殊时机,也就是学生最需要爱的时候。

忧愁时,我们送去理解和慰藉,使其得到解脱;

痛苦时,我们送去同情和温暖,使其得到缓解和激励;

困难时,我们雪中送炭,使其受到帮助,获得新的动力;

矛盾时,我们积极去化解和引导,使其走向进步;

期待时,我们尽量满足其合理要求,让学生在希冀中前进。

这里,我们特别应关注那些有特殊困难的学生,给他们以厚爱。比如,突然患重病的学生、身体残疾的学生、家庭出现重大变故的学生、家庭生活十分困窘的学生、单亲家庭的学生、父母离异的学生、家长长年在外务工的学生,以及其他弱势群体的家庭学生,还包括完成功课有压力的学生和品德有缺失、经常出问题的学生。他们往往难处较多,心理比较脆弱,我们应该更多地用爱的阳光温暖他们,使他们消除自卑,振奋精神,正常地发展。

读了这则案例,心中十分感动,对窦老师的敬意油然而生。一个普通的班主任因为一个学生的家庭困难,四处奔波,多方求助,不怕讥讽,不畏挫折,最终成功。是什么给了她信心?是什么给了她力量?是她对学生深重的爱心!你看,当窦老师发现孩子突然"满面愁容",立即去家访;当得知孩子姐姐患了白血病,就感到"心沉甸甸的";当孩子提出要退学,更觉得应该给予帮助。于是窦老师就跑学校、跑村委会,最后寻求企业家的帮助。她不怕吃"闭门羹",终于感动了厂长……这个过程足以表明窦老师具有强烈的爱心和责任心。

爱心是班主任专业理想和专业道德的核心内容,是教育成功的法宝。有了它,教育中的任何困难都能克服;有了它,各种各样的学生都会健康地成长；有了它，教师专业发展也就有了强大的动力。

爱，是一种力量，它具有渗透性、感染性、开放性。老师的爱传播给学生，又是一种人格的身教；学生接受后，也必然将这种爱向四周传递、辐射、扩散，和谐、愉悦的校园就是这样形成的。

三、健全的人格

人格指一个人品格、格调、境界、道德水准以及自尊等内在素质的总和。

班主任担负着教书育人的重要使命，其人格形象和人格力量对于学生是一种精神楷模和精神动力，对班级的健康发展起着巨大的推动作用。

1. 高尚的人格形象产生巨大的凝聚力和感召力量

学生对班主任领头作用的认可有一个过程，而认可过程正是班主任将其品格、情调和道德水准展露给学生的过程。无论是语言的，还是行动的，都得经过学生的检测；无论是情感的，还是理智的，都得经过学生的审视。一个实事求是、言行一致、爱护学生的班主任，会形成强大的诱导磁场，激发学生对美的追求、对友谊的渴望。高尚的人格似一面旗帜，会感召和凝聚学生团结向上、互助互爱、勇于进取。

2. 班主任的人格形象影响学生人格的形成和发展

班主任是学生心中的榜样，他的一言一行都会引起学生心灵的回响，抑或是共鸣，抑或是对抗。通过跟踪调查，我们得出如下结论：那些注意校风校貌、道德水准高的班主任，其学生整体道德水平就高，可谓"严师出高徒"，或者说"强将手下无弱兵"。而那些举止随便、不注重仪表、语言不净、道德水准差的班主任，其班风不正，学风不良，学生们会养成崇尚流行的庸俗言行，精神颓废，人格低下。细想一下，大概是班级的"大气候"影响了学生稚嫩的人格言行。

3. 班主任刻苦学习、勇于创新的人格形象可以激发学生强烈的求知欲

有位班主任坚持正面引导和反面刺激的方法，激发同学们的求知欲。每做一次化学实验，总要做一些小小的尝试，常常是先写原

理,后研究可操作性。先纸上画,后用仪器实验。每当新颖的实验装置拿出来后,同学们无不啧啧称赞。班主任执着的研究精神,使全班形成浓厚的学习气氛,学生们勇于实践,积极向上。

4. 班主任的人格形象可引起学生情感上的强烈共鸣

班主任能否用情感去教育学生,会不会与学生情感沟通,是影响其教育成效的一个因素。高尚的人格形象,并不排斥情感的流露,"无情未必真豪杰"。有位班主任在组织学生观看《焦裕禄》时,坐在同学们中间,和他们一起流泪,和他们一起感喟。泪水,缩短了师生在情感上的距离。观看电影后他又与学生们交流、谈体会,激起了学生的情感共鸣。

5. 高尚的班主任人格形象能克服班级的"短期行为"

教学的经验告诉我们,一个爱高谈阔论、表里不一、不注重实际的班主任,会导致班级的"短期行为"。有些年轻的班主任,好胜心强,只做表面文章,不注意学生道德培养。为了应付学校的常规检查、争取荣誉,他们常常利用瞒哄、欺骗的方式,博得外界好感,给班级戴上金色的光环。但时间长了,学生思想问题日益严重,班主任也失去了控制能力,班级将会乱起来,因积习太深而难重整旗鼓。班主任只有注重实际,言行一致,解决学生实际问题,才会产生高尚的人格影响力,从而克服短期行为。

总之,人格作为一种潜在的、长效的教育因素,应该引起我们教育工作者的注意,在实践中运用好这一因素,使我们的教育达到最佳效果。

四、良好的心理素质

(一)要冷静

我们常常会发现有这样的事情发生:某任课老师因学生作业收得不齐而把班主任骂一顿,言下之意这都是因为班主任管理不到位造成的。这时,班主任可能会与任课老师争吵,这样做的后果必然会造成班主任与任课老师之间的隔阂;有的班主任会气愤地冲进教室,把学生骂一顿,接下来,走廊里会站一大排学生补作业,似乎是补了这个洞,却又惹了另一位老师。这两种做法都是班主任被骂急了的过火行为,不够妥当。正确的做法是心里想着是任课老师来搬救兵了,应该感到高兴:"别急,别急,让我来看看,是哪些同学没有交?"这时,任课老师看到班主任来管了,心里的火会降下来,就会与班主任一起分析同学们作业交不齐的原因,这件事情就会得到妥善的处理。

(二) 要自信

学生常会在不同场合有不同的表现。班主任比任课老师更多地接触学生,得到的认识应该更全面。当任课老师对某学生的看法与自己不一致时,不可轻易否定自己的判断而去相信任课老师的判断。应该更进一步观察学生,与学生直接接触,弄清真实情况再做决定。

(三) 要有韧性

教育好学生总是省心省力,做老师的也愉快,而在班中总免不了会有差生。其实一部分差生脑子并不笨,还早已领教过老师各式各样的批评教育甚至惩罚,他们研究老师的态度比老师自己还清楚,即使你火冒三丈也不可能让他真的改正错误。这时老师就要有韧性,要调整自己的教育愿望,你不要指望他全面改正,不要指望他们能像其他同学那样天天到校,认真学习。要有思想准备,逐步提高他们的成绩,让他们在学习中获得乐趣,树立正确的荣誉感,慢慢地把他们的兴趣转移到学习上来。

案例

一只"小老鼠"
—— 了解真相才能有正确的应对

陈桂媛

临近期末考试了,对于我们这些包班教学的教师来说,真的很累。语文、数学两科教学,都希望取得好成绩,不免在心理上产生压力。

6月中旬,天气燥热,到了中午,别说孩子,就连老师们也都打蔫。下午第一节课的铃声响起,昏昏沉沉的我抱起一摞卷子就往教室走去,脑子里都是事——怎么给学生辅导、该讲哪些题、该做哪些练习……真恨不得像孙悟空那样,来个分身法。

走进教室,同学们坐得比战士还直。奇怪,今儿个这是怎么了,精气神这么好,没有趴着的,没有睡觉的……我心里觉得奇怪,也没说什么,脑子里还都是刚才想的事情。于是,我把卷子放在讲桌上。就在我抬头的那一瞬间,我尖叫了一声:"啊!老鼠!"同时迅速向门口跑去。"哪来的老鼠?"我的话音还没落,教室里顿时爆发出哈哈大笑的声音。我突然意识到自己受骗了,有一种被捉弄的尴尬,心里好不是滋味。

我睁大了眼睛,脑子也清醒了。这时小保抱着肚子,笑得前仰后合地站起来,说:"陈老师,那是我最新发现的新型玩具,仿真老鼠,是假的,不咬人。"教室里又一次掀起笑的浪潮。我紧锁眉头,一脸尴尬地走上了讲台,仔细看着这只小老鼠,和真的一模一样,趴在用粉笔盒搭起的平台上,看起来同学们确实费了不少心思。我该怎么办?

这时又有一个同学站起来说:"陈老师,您别生气。小保说看您天天那么累,笑容也少了,想给您提提神,让您笑一笑。"听了这个孩子的话,我真的笑了。面对孩子们这种善意的关心,也觉得自己的表现挺可笑的。看看小保,脸上充满了得意的神情,看看同学们已不再是哈哈大笑,而是微笑地看着我,我的精神确实轻松了不少。于是,我对小保说:"你这小鬼头,把我吓死了。"小保有些不好意思,红着脸冲我笑了笑说:"真对不起。"

"笑也笑过了,人自然轻松了许多,谢谢大家!下面我们继续学习……"这节课我和学生们都格外地愉快。

课后,我把这只仿真小老鼠还给了小保,希望他把今天的故事写在日记里,写上对老师的关心,除此之外找一找还有没有更好的方法帮助老师。

从此，每当同学们发现老师工作特别忙时，他们都会帮助老师干这干那，课上格外认真地听，下了课还和老师一起到户外散步、聊天。4月1日"愚人节"，我也收到意外的惊喜，从一个苹果到一张卡片，从再一次的仿真小老鼠到魔术盒里的假蟑螂等，我和孩子们都充满着快乐。

　　学生对老师的关心总是那么令人感动……

【教育延伸】

　　善于在复杂的情况下控制自己的感情和行为，抑制无益的激情和冲动，这就是自制能力。它是教师，特别是班主任教师必须具备的心理修养和教育劳动的技能。遇到类似情况，可以从以下几方面去做：

　　1. 要沉着，不发火

　　一个有自制力的班主任，即使在学生令人啼笑皆非的恶作剧面前，或遇到粗野无礼的学生和家长、遇到让人心烦意乱的复杂矛盾，也能表现冷静和沉着，使自己的感情永远处于清醒的理智控制之下。

　　2. 要冷静，不迁怒

　　教师也是普通人，当然也有自己的喜怒哀乐。但是，当你作为教师出现在学生面前的时候，就不能不顾及自己的感情、行为对学生将产生怎样的影响，就不能不预测自己的教育措施会产生什么样的教育效果。因此，就不能不注意控制自己的感情和行为，做到既不因自己的不快迁怒于学生，也不因自己的愉快在学生面前忘乎所以。斯坦尼斯拉夫斯基说过："当演员来到剧院的时候，也应当把个人的不快和痛苦留在剧院之外。"对于教师特别是班主任来说，同样具有这种心理修养是何等的重要啊！

　　3. 要敏锐，有节制

　　学校教育不是一种封闭体，生产的发展、科学的进步、国家政策的变动和社会风气的变化，无不对学校教育产生直接的影响，从而对班主任的思想修养、智能结构提出新的要求。因此，教师必须摆脱一切束缚，使自己的行为举动表现得敏锐而有节制。"成功的教师就是诚心诚意地追求他们的工作意义,不知疲倦地为扩大他们的知识和能力而奋斗,现实主义地保持他们的自我概念,以及遇到不断变化的环境而有条不紊地进行自我更新"(见《教与育的心理学》)。另外,学生也受着各种因素的影响,不断地发生着变化,班主任还应当具有敏感地接受来自学生的反馈信息的能力,用以随时调节、控制自己的行为和预定的教育计划和程序,以便取得最优化的教育。

4. 讲师德,是根本

教师不能控制自己的感情和行为而导致心理失衡的原因起码有以下四点:(1)本身就不喜欢教师职业,没有搞好教育工作的兴趣和追求;(2)不热爱学生,不能摆脱对"后进生"的先入之见和惩治思想;(3)在师生矛盾中,过分强调学生的思想行为太令人不能容忍,不能严以律己从自身寻找师生矛盾的原因;(4)缺乏教育学、心理学知识,自身修养较差。如果班主任不理解教育工作的意义,不肯定教师劳动的价值,不刻苦学习教育科学,就不能对自己高标准、严要求,提高自我控制能力也就成了一句空话。

【分析】

班主任工作压力大是个普遍现象,因此,疲惫了,笑容少了,这一切都看在学生的眼里,于是就形成了这样一个近乎恶作剧式的"小老鼠事件"。由于事发突然,老师猝不及防,被吓得有些失态。这时,学生们的哄堂大笑,一种被学生捉弄的尴尬感觉油然而生。这是可以理解的。一般情况下,一些难以摆脱师道尊严的老师,往往控制不住自己因尴尬而恼火的激烈情绪,甚至会发雷霆之怒,对学生严加训斥。这样会造成曲解学生的善意、恶化师生关系的严重后果。因此,在偶发事件面前控制住自己的情绪是很重要的。

好就好在陈老师没有生气,没有发火,当听完学生说的话并揭开了"小老鼠"秘密之后,立即感受到学生们的善意和可爱:原来是学生看到陈老师累得笑容少了,想用仿真小老鼠给老师"提提神",让老师"笑一笑",于是打心眼里觉得学生更加可爱。陈老师笑了而且冲着小保说一句:"你这小鬼头,把我吓死了。"不管陈老师是笑自己的失态还是笑学生的善解人意的童心，都给孩子们带来了快乐，而且让他们感到了歉疚，使师生关系变得更加和谐，这充分体现了陈老师令人赞叹的师德修养。事情并没有到此结束，陈老师又要求小保"把今天的故事写在日记里，找一找是否有更好的方法帮助老师"。这一"笑"、一"导"，充分说明了陈老师更看重的是引导学生素质向真、善、美的方向发展，于是班里出现一幅和谐共进的美好场景。

五、现代的教育观念

当今时代，知识的更新时间越来越短，新知识不断涌现，信息量也成倍增加，社会需要的知识和我们的教学内容都在不断更新，传统的教学形式、教学内容、教学方法等将受到挑战。面对这种挑战，教育的各个领域必须进行全面的创新，包括教育思想、教育观念、教育制度的创新，教学内容、方法、方式的创新以及整个教育体系的创新。具体到教师和班主任，最重要的还是教育思想、教育理念的创新。教师必须树立正确的教育观念，了解先进的教育理念。只有如此，才能用先进的教育教学理念指导实践，适应学习时代的要求。

（一）增强服务意识，明确服务对象，树立正确人才观

任何一种职业都是以为他人服务为前提的，教师也一样。班主任应树立服务意识，且应更周到、更有效地为学生服务。如何正确认识学生所需要的服务，并服务好学生，让他们满意，让家长、社会满意，这才是我们教师的职业之道。

（二）坚持尊重学生的内在需要和自主建构

学生就是学生，教师千万不要用自己的标准去衡量他们。学生需要的是创造、自主、自由和尊严，希望在学校这个大家庭中获得发展，受到重视，被人肯定，得到友谊和信任。教师应该大胆地相信学生，让他们参与校级管理、班级管理等，让他们真正感受到自己是学校的小主人，每天不是被动地等老师去上课，而是以主人的角色请老

师去上课。教师真把学生当主人看,学生把自己当主人看,学校面临的诸多问题就会迎刃而解。

(三)明确一切活动是为学生打基础

站得高才能看得远。教师不能仅仅把自己看作教语文的或教体育的,而应该"把人从相互敌视、相互防范中解放出来,从心灵之间永无宁日的战争中解放出来,把人从依附、盲从和定式中解放出来,把人从习俗、传统、群体压力以及本能欲望的束缚中解放出来"。这就是教育的使命。任何教育,无论它处于什么层次,是以哪一方面为侧重点,都应以致力于人自由而全面的发展为其根系所在;都应以致力于人的解放、自由、超越和完善为其根本性的内涵。舍此,教育就不称其为教育。"学会认知,学会做事,学会与人相处,学会发展"。这是未来教育的四大支柱,其中没有一条是要求让学生掌握某类知识且达到何种水平的。现在,有的学校和教师片面强调学生应学好知识,考出好成绩。这也是一种对学生不负责的表现,它反映了以社会本位和以教师为中心的思想,是对独特性和差异性的漠视;是对学生需要和尊严的漠视。学生在某一方面学得不好是正常现象,教师千万不能把自己的标准强加给学生,这是不公平的。教师应把学生放在主体地位,让他们去主动发展,去自由发展。教师不能强求学生必须学什么,应结合学生自身实际,尽可能地为他们提供交流的机会、表达的机会、组织管理的机会等。让学生的自主性、自信心得到培养,从而为今后的学习、工作、为人处世等打下良好的基础。

(四)客观全面地评价学生

教师批评学生,是对学生的一种评价。鼓励、赞扬学生,也是一种评价。批评是以教师为中心和主体的评价;鼓励是以学生为中心和主体的评价。哪种评价效果好,不言而喻。如何让有着各种性情和不同爱好的孩子都得到发展,都能获得成功的体验,这对我们的教育行为和教育理念都是挑战。没有教不好的学生,只有不会教的老师。成人回忆自己学生时代的时候,印象最深的往往是老师的批评与呵斥或是老师的鼓励与赞扬的话语。这说明,学生对老师如何评价自己是非常看重的。学生在老师眼里是天才,他将来就有可能成为天才。让学生成为将来有用之才,这就是我们的责任。教师客观而全面地评价学生,会对其一生发展产生深远的影响。让我们思考未来,着眼于未来,积极适应新形势,开创教育新局面。

六、严谨勤奋的治学态度

丰富的学识和严谨的治学态度,是班主任个人影响力的能源。知识贫乏、腹中空空的班主任是难以使学生信服的。学生对学识渊博、工作上精益求精、教学艺术高超的班主任非常敬佩和尊重。这样的班主任不仅能更好地推动班集体工作,而且有可能与学生产生更多的共同语言,促进心理沟通,使影响力得到增强,为顺利地教育引导学生奠定基础。班主任治学严谨、锐意进取的态度,会对班级的学风产生积极的影响,并能使班级的每一个成员终身受益。

案例

一节课备一辈子

苏联著名教育家苏霍姆林斯基讲过这么一件事:一位有30年教龄的历史教师上了一节公开课。课上得非常出色,听课的人都入了迷,凝神屏息,竟然连做记录也忘记了。课后,有人问这位教师花了多少时间来备这节课。他回答说:"对这节课,我准备了一辈子。而且,总的来说,对每一节课,我都是用终身的时间来备的。"这位教师把一节课备一辈子的精神,来源于他的师生情意。对学生疏远、态度冷淡的教师,是无论如何也做不到这一点的。

苏霍姆林斯基本人在中、小学任教时,坚持每天晚上记录教学情况,书写工作笔记,认真思考当天做过的工作,总结经验教训,30余年如一日,从不间断,从不敷衍,曾先后对2700名学生做过详细的记录。数十年后,他仍然能说得出"最难教育的"178

名学生的艰难曲折的成长过程。这使他从一位没有接受过师范教育的乡村教师成长为杰出的教育家。

第二节　班主任的能力素质

能力是指直接影响活动效率、使活动任务得以顺利完成的个性心理特征，通常指某人完成一定活动的本领。做任何工作都要具备相应的能力。不同的活动任务、内容对所需能力也提出了不同的要求。班主任应具备的能力除去学科教学能力外，主要有：培养良好班风的能力、缜密有方的组织管理能力、机智灵敏的应变能力、广泛灵活的交往协调能力、深刻敏锐的观察分析能力、沉着冷静的自制能力、生动艺术的语言表达能力和自我控制情绪的能力等。

一、培养良好班风的能力

培养良好的班风是班主任工作的中心环节。班主任要把建立一个团结、积极向上的班委会当作首要任务，使其成为全班同学信得过、有威信、有组织能力的坚强核心。这个坚强核心的产生有一个艰苦、细致的思想政治工作过程。一方面，班主任必须充分了解学生的个性、特长、学业等诸方面情况，对物色中的班干部要有一个考察过程，慎重对待；另一方面，要在学生中一开始就树正气，鼓励、支持先进。经过一段时间的了解和准备，再通过民主选举，把那些能严格要求自己、能团结同学、有威信、会独立思考、组织能力强的学生选拔出来组成正式班委会。良好的班风应有正确的舆论导向，引导班上大多数学生树立正确的是非观，指导全班同学遵循良好的道德规范发展。班风是影响个人思想、智力发展的巨大力量。正确的舆论导向能使学生弃恶扬善，扶助正气。培养良好的班风还应注意班级活动的形式。活动形式可以不拘一格，但必须是健康的、有利于学生身心健康成长的。

二、缜密有方的组织管理能力

班级是现代学校开展教育、教学和管理活动的基层组织,班级管理工作是学校管理工作的基础。班级管理对于贯彻国家教育方针、落实学校教育计划、实现培养目标起着关键性的作用。班主任是学校班级的直接管理者,要做好这项工作,丰富的班级管理经验是很重要的,但还必须掌握一定的管理知识,并把它们切实地用在班级管理上,这样才可以加强班级管理的主动性、科学性,克服盲目性,少走弯路,少犯错误。

在班级管理上,安排各项工作要统筹兼顾,考虑问题要周密,使各项工作井井有条,井然有序。要善于把学校教育要求同本班的实际结合起来,成为一个有机整体。要制定明确具体、切实可行的管理目标。要善于培养学生自主、自治、自理、自评的能力和精神,使学生发挥班级主人翁的作用。

案例

发电影票的学问

善于寓教育于管理之中,是所有优秀班主任的共有特征。丹东市优秀班主任王振生老师通过发电影票这样的小事,对学生进行先人后己、互助友爱的教育,收到了很好的教育效果。过去班级里发电影票都是采取抽票办法,抽到好票的高高兴兴,抽不到好票的垂头丧气。王老师觉得这种办法不好,对学生产生了一些不良影响,所以他在接任班主任后第一次发电影票时,就改变了抽票的办法。他先是启发学生:"除了抽票这个办法,还有没有什么更好的办法呢?比如,怎样才能照顾一下眼睛不好的同学?"教室里静了一会儿。他又进一步启发说:"如果我们不用抽票这个办法,有哪位同学能自愿要座位不好的票呢?"过了一会儿,一位男生怯生生地举起手来说:"老师,我可以要座位不好的票,我的眼睛没有毛病。"他的话赢得了一片掌声,接着便是"我要"、"我要"的喊声。喊声平息下来后,王老师把电影票交给文娱委员。文娱委员先把一张最不好的票留给自己,然后发给同学们。发完票后,王老师又提出一个问题:"过去抽票,抽到不好的票垂头丧气。而这次发票,领到不好的票却高高兴兴。这是为什么呢?"他让每个学生写一篇心得体会。从那以后,每逢发电影票,学生们总是互相谦让,争着要座位不好的票,先人后己、互助友爱的风气在班上逐渐形成。在班级管理中渗透思想教育,变"管"为"育",使每项管理活动都成为教育契机,这是班主任的一种必备能力。

三、机智灵敏的应变能力

应变能力是班主任应当具备的一种教育能力。它是指班主任善于因势利导、随机应变处理各种突发问题的能力。有了这种能力,教师就能在复杂多变的情境中作出最合理的决定、采取最恰当的教育方式。这种能力也可称为"教育机智"。

班主任的工作对象是生动活泼的学生。几十名学生的思想、情绪、个性等各不相同,决定了班主任工作的纷繁复杂、千变万化。因此,要想取得良好的教育效果,就要求教师在教育方法选择实施上,必须准确、及时、适度,根据具体情况灵活运用,因材、因时、因人施教。

案例

"鲍鱼"风波
—— 有胸襟,才能有应变

鲍桂华

"同学们,从今天起,由我担任你们的班主任,我们将一起度过初中生活的最后一年,我想成为你们的朋友,请大家给我这个机会。下面我作一下自我介绍,我姓鲍,叫……"我的话音还没落,邵帅(我接班前就对他有详细的了解,但没想到他会如此"猖狂")就怪声怪气地大声地吼"鲍鱼、鲍鱼……""哈哈……"全班同学哈哈大笑,有几个学生还吹起了刺耳的口哨、拍起了巴掌,甚至拍起了桌子。教室里全是打逗声、说笑声,乱作了一团。我一下子懵了,脑子里一片空白,原先设计好的"就职演说"突然间忘得一干二净。气恼和愤怒的我,不自觉地绷紧了面孔,用冰冷的目光看着他们。同学们从我异常严肃的态度里感到了事态的严重,慢慢地,教室里安静了,但空气中充斥着一触即发的火药味。几十双眼睛看着我,我看到了一双双纯真和充满信赖的眼睛,也发现了那些嘲弄、狡黠、幸灾乐祸的目光,像是在等待着观看老师盛怒之下的难堪表现。我的心里一震,这不是我要的效果,我告诫自己要冷静。此时,大脑紧张地思考着对策,我稍微停顿了几秒,舒缓了一下表情,微笑着说:"同学们,我要表扬刚才那个同学……"我停顿了几秒,看着他们脸上的反映——大家仿佛不相信自己的耳朵,每个人的眼里都充满着疑惑的目光。我接着说:"为什么呢?因为他认识这个字。我最不喜欢别人把我的姓搞错,可总有人叫我'pao 老师'。"我转身把"鲍"字写在黑板上,接着说:"经这位同学一喊,大家都认识了这个字,读'bao'而不读'pao'。但是我也要纠正这个同学的一个错误,我姓鲍,叫鲍桂华,而不叫'鲍鱼'。你们应该称呼我鲍老师。"

教室里安静极了。几秒钟过后,突然爆发出了一阵热烈的掌声。邵帅的脸腾地红了,连那些跟着起哄的同学都不好意思地低下了头。我又趁热打铁:"同学们,我再给大家出个谜语吧,谜面是'最年轻的指挥官',谜底是我们班一个同学的姓名。谁知道谁举手!"邵帅蹭地把手举起来了:"老师我知道,是'邵帅'。"他颇为自豪地回答。我问他:"你知道家长为什么给你起这个名字吗?那是希望你能干大事,成为将帅之才。"于是,我从家长的希望讲起,讲到国家的未来、人生的理想,讲到班风学风。教室时而鸦雀无声,时而爆发出一阵愉快的笑声。

不知不觉,下课铃响了。同学们一下子围住了我:"老师,您讲得真好!"事后,很多同学在周记中都谈到了"鲍鱼"这件事,他们对我处理这件事表示了由衷的赞赏和佩服。邵帅同学这样写道:"每个新老师接我们班,我都设法制造一点小麻烦,搞一个恶作剧,给老师来个下马威,看看他们怎么处理。今天,我原以为老师会大发雷霆。没想到老师不但没批评我,反而表扬了我。这让我很惭愧。我真正认识到了自己的错误和无聊,老师的宽容和谅解让我很感动。老师讲的道理也鼓舞了我,今后我一定好好学习,不辜负老师和家长的期望,做个尊敬老师的好孩子。同时我要真诚地对老师说一句'对不起'。"

从此以后,邵帅变了,他变得懂事了。他原先的那些不好的习惯慢慢地改了,各方面都有了明显的进步,而且,还当上了生活班长,被评为区级"三好学生"。

【分析】

马卡连柯说得好:"教育技巧和必要特征之一就是要有随机应变的能力。"班主任的应变能力是指其在教育教学中,面对各种始料不及的棘手问题,能够熟练地把握教育教学规律,机智地变换教育教学方法,灵活而不呆板、巧妙而不生硬地作出处理,并对学生进行因势利导、因材施教的能力。

应变,并不意味着情况变化了,可以放弃教育教学原则,随意改变教育教学计划,降低教育教学要求,而是根据变化的情况,将观念、方法、手段作相应的变化,及时、果断、能动地驾驭教育教学工作,变被动为主动、化消极为积极。班主任处理突发事件,既需要丰富的教育教学经验,又需要敏捷的思维品质和娴熟的教育技巧;既要对突发事件作出迅速而准确的分析和判断,又要有一定的胆识和决策能力,这些都是班主任应变能力的必要基础。具体地说,班主任应从以下三个方面提高应变能力:

1. 当怒不怒的自控能力

突发事件很可能令人十分恼火,或搞得班主任措手不及。此时,班主任的头脑一定要冷静,要有当怒不怒的自控能力,要控制住自己的情感，千万不能动怒发火。因为咄咄逼人的震怒、粗声大气的训斥、尖酸刻薄的讽刺、粗暴蛮横的体罚，并不能显示教育的威力。如果鲍老师真地大动肝火，给学生来个"下马威"，效果会怎么样呢？起码师生情感会形成难以消除的隔阂，也达不到"长善救失"的目的。

2．迅速而准确的判断力

准确地判断是班主任应变能力的基础。突发事件出现后，要求班主任迅速选择正确的方法予以解决，这种选择来源于班主任对突发事件原因的分析和判断。

突发事件尽管在一定程度上具有偶然性，但是，总还是有这样或那样原因的。如有些意外伤害事故是由于学生逞能、好胜、爱表现而造成的；有些突发事件是由于某种潜伏因素的作用，在一定场合爆发的结果，偶然中深蕴着必然；有的突发事件则是由于学生具有不良的道德动机所致。因此，突发事件发生后，班主任必须在短时间内，对事件的原因进行周密的调查分析，作出科学的判断，并预测出不同的处理方法、可能产生的后果，从而作出正确的选择。

记得我带的班里曾出现过几次丢失少量钱和饭票的事，学生们都怀疑是小 A 干的，我曾对她进行了认真的观察分析，虽然她有可疑之处，却无真凭实据。一天，小 B 的手表丢了，教室里七嘴八舌地叫嚷着"抓小偷"。我走进教室后，叫嚷得更厉害了。看来这个问题不解决是不好上课了。我把小 B 叫到门口，听她详细讲述了手表丢失的过程，再联想以往的情况，觉得小 A 拿走手表有很大的可能性。此时，我真想借机训小 A 一顿，可是真地把脸撕破，解了师生的心头之气，以后又该怎么教育小 A 呢？我决定采取缓冲的办法，冷静地说："同学们，大嚷大叫不解决问题，又违反了学校纪律，请大家安静下来。手表说不定谁拿了看时间，还没来得及还，我们要给人家时间。"这样不仅给自己判断是否准确留有余地，而且给拿手表的学生留下改正错误的机会，同时为我进一步批评教育创造了条件。当然效果非常好，小 A 不仅很快交出了手表，而且交代了一些老师不知道的事情。对此，我都按小 A 的请求予以保密，小 A 也真地改掉了这个坏毛病。

3. 审时度势的变通力

变通是应变能力的最主要特点。班主任面对突发事件,并根据事件原因和影响学生思想、道德、行为变化、发展的各种原因的分析判断,应采取相应的灵活机动的战略战术,以达到因材施教的目的。变通即根据变化了的情况而变通教育目标、变换教育角度和方法。如变指令为参谋、变对立为友善、变贬抑为褒扬、变直截了当为侧面迂回等等。在运用语言艺术上,有的班主任采用直话曲说、急话缓说、硬话软说、正话反说、严话宽说等变通方法也十分可取。例如,一个学生上课不注意听讲,在下面画了一张男女拥抱接吻的画,同桌女生抢了过来,然后一一传阅,最后传到教师手中,全班哗然。这件事情实在令这位教师怒不可遏。但他冷静下来,不紧不慢地说:"你们看,这位同学低下头了,显然他有点后悔了。我也觉得奇怪,他怎么会做出这样的事来呢?课后我们再帮助他找找原因吧。"这些软中有硬的话,既指出了问题的严重性,又没有刺伤学生的自尊;既说明了这件事没有完,一定要严肃对待,又为学生进行自我教育指明了方向;既为继续上课排除障碍,又防止了正面批评容易造成的师生"顶牛"。这位老师的教育方法和语言艺术令人钦佩。总之,变通的要诀就是避其锋芒、欲进先退、变换角度、以智取胜。

在处理突发事件的过程中,需要激发学生进行自我教育。在启发自我教育时,就应以"长善"开路,使反面文章正面做,等到创设了"通情"的心理氛围后,再选准时机,借题发挥,使之在宽松的气氛中"达理",帮助其"救失"。鲍老师的做法与上例也有异曲同工之妙。

四、广泛灵活的交往协调能力

协调各方面的力量共同做好教育工作,是班主任工作的一项重要任务。实践证明,班主任只靠个人的力量来完成对学生的全部教育任务是困难的。他必须协调各学科任课教师、家长、社会等各种教育力量,充分调动各方面的积极因素,对学生进行协调一致的影响。要协调,首先就得建立良好的关系,这种关系的建立要靠交往。班主任要善于同有关部门、同各种有关人员交往。于是,交往协调能力就成了班主任不可缺少的能力。

　　首先,班主任和任课教师如果都能通力合作、团结一致,形成一个以班主任为核心的目标统一的教育集体,教育效果就会超过班主任一个人的力量。这就要求班主任:一要主动与任课教师互通情况,研究问题,确定方向,讨论措施,制定计划。二要经常诚恳地向任课教师征求意见,了解情况,发现问题,及时解决。三要热情地邀请任课教师参加班级活动,使师生增进感情,沟通思想,配合工作。四要任课教师时时了解学生个人或家庭有什么具体困难,以便引导学生做些力所能及的事情。

　　其次,班主任是学校同社会、家庭联系的纽带和桥梁,必须善于做好这方面的协调工作。班主任要和家长建立良好关系,保持密切联系,通过家长及时了解学生在家的表现和各方面情况,并向家长反映学生在校的各种情况,以便共同做好教育工作。班主任与家长沟通的渠道很多,其中最重要一项就是"家访"。班主任要掌握家访的"艺术",要有明确的目的性,要善于科学地选择时间、方式和方法。

案例

我给父母发奖状
——让孩子理解父母的辛苦

何丽娅

　　办公桌的玻璃板压着一张奖状。这是一张具有特殊意义的奖状,一张迟来的奖状,这是班长晓宇的妈妈送给我留作纪念的。望着它,我的思绪又回到了一年前的那节班会课……

　　那天,我迫不及待地走进教室,因为急于知道孩子们想给自己的家长发什么样的奖状。接任班主任以来,通过了解,我越发感受到孩子们与家长的关系并不融洽。于是我给同学们布置了一项特殊的作业:让他们细心观察并总结父母做得出色的地方,进行命名,然后给父母发奖状。走进教室,我看到孩子们的脸上洋溢着兴奋的神色,似乎已经按捺不住了。没等我开口,班长晓宇就站了起来,大声说道:"老师,课下同学们都说要保密。我觉得您应该尊重个人隐私,还是别让大家说了,用纸写下来,交给您好了!"有些同学冲我点点头,我犹豫了一下,说道:"好吧!我尊重你们的意见!"

回到办公室,我细细地翻看着纸条,王婷想颁给父亲"亲密朋友奖";张洁想发给父母"氛围宽松奖";小楠想给母亲发"慈爱奖";王涵想发给父亲"尊重平等奖";当我看到晓宇的纸条时,上面赫然写着一个"无"字。望着这张纸条,心中不禁一震,这时,脑海中闪现出那次和晓宇的妈妈谈话的情景——晓宇的父亲因为工作需要常年在外地,她和妈妈生活在一起。母亲对她的要求非常严格,尤其在学习上倾注了大量的精力,但是晓宇并不理解。晓宇的妈妈流着眼泪向我诉说:"这不,那天她做数学题粗心大意出现了错误,我批评了她,她竟赌气三天没和我说话。唉!我该怎么办呢?"事后,我找到晓宇问她:"你想父亲吗?"她淡淡地说:"不想,也没时间去想。妈妈把我的业余时间都排得满满的,一点儿空闲都没有。"随之而来的是一脸的苦笑。今天,看着眼前这个大大的"无"字,我再次陷入了沉思……

那天,放学了,我把晓宇找到办公室,神秘地递给她一包东西。晓宇接过去,脸上露出不解的神色。"打开看看。"我说。她轻轻地打开纸包,"是莲子。""对!莲子,这儿还有一张光盘。晓宇,从今天开始,老师交给你三个任务,你能做到吗?""什么任务?""你每天用几粒莲子冲水喝,边喝边欣赏我送给你的光盘,然后留心观察一下妈妈在干什么,把妈妈为你做的那些事和所用的时间记录下来。我不限定完成任务的时间,但你必须每天坚持做,好吗?"晓宇低头看看手里的东西,说道:"行!""可要信守承诺!""没问题!"我与晓宇的目光相对,她使劲点了点头。

一个星期过去了,半个月过去了,班里同学发给父母的奖状都准备好了,只有晓宇的那一张依旧是空白,我耐心又焦虑地等待着。终于,一天下课后,晓宇把一封信递到我手里。"任务完成得怎么样?"我按捺住心中的兴奋问道。晓宇的眼圈有些发红,说:"您看了信就知道了。"我打开信,晓宇隽秀的字迹映入眼帘:"老师,我信守了对您的承诺。每天我一边喝着那略带苦味儿的莲子水,一边欣赏满文军唱的歌曲《懂你》。我看到一位含辛茹苦的母亲,更细心地观察妈妈每天的生活。妈妈每天早上6点就起床了,等我起床时,早饭已经做好了。妈妈说买的早点吃着不舒服,所以一直坚持自己动手给我做,每天都不重样,然后再送我去上学。晚上回到家为我做饭、洗衣服,刷洗完毕后又给我削水果、热牛奶,还要陪着我直到把作业写完。天天如此,我统计一下,妈妈除了上班睡觉外,每天为我做事将近五个半小时,而留给她自己的时间几乎没有!您让我每天喝莲子水,妈妈说:'莲子是清热去火的良药,味道虽苦,但却对人的身体有益。'我想:您是不是想让我知道,妈妈对我的说教好似良药苦口,对我是有很大帮助的。何老师,我懂了。那天我是有意在课上说要保密的,因为我觉得妈妈为我做的一切都是理所应当的,没有什么可发给她的。现在我想明白了,并提议在班里召开一个颁奖会,让同学们把奖状当面发给自己的父母,您同意吗?"……

颁奖会的情景我至今记忆犹新,当晓宇手捧鲜红的奖状,给母亲深深地鞠了一躬,把那张写着"舐犊奖"的奖状递到妈妈的手里的时候,我看到了他们母女眼中的泪花……

【分析】

班主任要想真正协调好学生与父母的关系,关键是弄清产生矛盾的原因,进行有针对性的工作。下面就从这两方面提点建议,供大家参考。

1. 分析原因

许多时候亲子关系不和谐源于家长过度的溺爱。孩子要星星,家长不敢给月亮。长此以往,孩子便养成了衣来伸手、饭来张口等依赖习惯,独立自主能力较差,甚至形成以自我为中心的不良倾向,此其一。

其二,父母对子女期望过高,望子成龙,渴望在教育这棵大树上摘取既学习优秀又多才多艺的果子。结果却事与愿违,孩子一次又一次让家长大失所望,于是也就一而再、再而三地唠叨着那些孩子比家长还明白的道理,结果还是让家长失望。久而久之,这种让孩子厌烦的无效的教育,就开始变成了责罚,"不打不成才"成了家长的新借口。渐渐地家长发现,自己已经束手无策,亲子冲突也愈演愈烈。

其三,父母把子女当成私有财产,却不理解孩子的正当权益。好玩是孩子们的天性,交友是孩子社会化的必然,孩子希望营造自己的小天地更是走向成熟的正常现象……可是,一些家长对此缺乏了解、支持和引导,而是粗暴干预,以致造成孩子越来越强烈的逆反心理。这都是导致亲子关系恶化的导火线,也必然给学校教育带来麻烦。当然,造成亲子关系不和谐也有孩子方面的原因。如,孩子在逐步社会化的过程中,自我意识逐步觉醒。这本来是正常的事,但是也会使孩子产生以自我为中心的倾向,认为父母爱自己是理所当然的,却忘了自己对父母和家庭的责任,不理解父母对自己所付出的一切,不懂对父母表示感恩。

2. 做好协调工作

为了更有效地实施家校合作,对学生进行目标一致的教育,教师特别是班主任有必要、有责任对亲子关系进行协调。

首先要对家庭教育进行指导。一是指导家长学会爱。爱孩子是父母的天性,却往往因缺乏理智、方法而陷入溺爱。记得"扬州八怪"之一的郑板桥,在去潍县做官时,将其6岁的儿子小宝留在乡下,由其弟郑墨管教。郑墨对小宝十分宠爱。小宝常夸耀说:"爹爹在外面做大官!"有时小宝还欺负佣人家的孩子。郑板桥得知后,立即给弟弟写信说:"余五十二岁始得一子,岂有不爱之理!然爱之必以其道。""以其道"是真爱,不以其道就是溺爱。

陶行知教育子女从小动手做事、劳动,不要学少爷、小姐,孩子大了便教育他们"自助助人"、"自律立人",树立"独立不拔"的信念。班主任可在家长会或家访时宣传这些故事,宣讲这些道理,指导家长防止溺爱,学会真爱。

二是指导家长更新观念,改善教育方法。受"应试教育"的影响,一些家长在教育观念上也出现了失误，如重智轻德、重分轻能等等，观念的错误必然导致教育方法的错误。班主任有责任向家长宣传素质教育要以德育为核心、培养学生创新精神和实践能力的要求，帮助家长改善教育方法，做到理解、宽容、严而得当、严而得法、严得有理、严得有情，要把重点放在教孩子学会生活、学会自理、学会关爱等做人素质上。

其次，要教育学生理解父母，学会感恩。现在的青少年基本上是独生子女，他们生活在"四二一型"的家庭中，受到爷爷奶奶、姥姥姥爷和爸爸妈妈的百般呵护，形成了一种普遍的现象——只知被爱不知爱人。因此，班主任要开展各种活动，运用各种有效方法对学生进行教育引导。

班主任要引导学生体会父母的良苦用心，对有些情况要耐心向父母解释，特别是要用实际行动说话，要刻苦学习不让父母督促，要尊敬父母，抽空帮助父母料理家务。即使是父母错怪了自己，也要在父母心情好的时候向父母指出，千万不可"以牙还牙，以眼还眼"。古人云："人非圣贤，孰能无过。"即使是父母也会有缺点和错误，做子女的要理解、要原谅。

【点评】

案例中没有老师苦口婆心的说教，丝毫看不出教育的痕迹，协调亲子关系完全在一种自然的状态下进行，采用的是一种不显山、不露水的"特殊作业"的形式实现协调的目的。无论是全体学生需要完成的"特殊作业"，还是晓宇要完成的三项任务，这其中都充分体现了何老师的良苦用心和教育的智慧，充分发挥了班主任的主导作用。同时这"特殊作业"和三项任务都巧妙地引导学生去了解父母为自己付出的一切，从而感悟父母之爱。特别是何老师抓住了晓宇与其母之间的不和谐问题，更是独具匠心地让晓宇完成三项任务：喝莲子水、赏听满文军演唱的歌曲《懂你》、观察记录妈妈在干什么。在何老师耐心等待了半个月之后，晓宇终于懂得了含辛茹苦的母爱，这样的教育效果是何老师把教育诗意化的结果。在学生纷纷把奖状送到父母手里,特别是晓宇把写着"舐犊奖"的奖状递到母亲手里的那一刻,我们面对亲子之间的幸福泪花与何老师一起享受着教育的快乐。

五、深刻敏锐的观察分析能力

班主任做好工作的前提是了解学生,而了解学生最基本的素质就是观察能力。一个有敏锐观察力的班主任,能从学生的细微表现中,捕捉学生思想感情的起伏变化,科学地预测问题发展的趋势,把问题解决在萌芽状态之中。

案例

班里进出个帅哥来

一个寒假过后的新学期开始,侯老师走进教室,向全班学生问候新春好,学生们也齐声问侯老师好。可侯老师发现在大家的声音中有一个声音非常特别,仿佛是要有意引起老师的注意。寻着声音望去,咦!××同学像变了一个人似的,以往那身朴素、活泼的学生装不见了,雪白的衬领,一身崭新、笔挺的外套,还故意露出了手腕上闪闪发光的手表,意得神满。侯老师觉得有些不太对劲儿,过新年穿身新衣服,本是件极平常的事,教师不该干涉。可侯老师却敏锐地感觉到,××同学衣着变化的背后潜藏着某种思想上不健康的苗头。经过了解,这个学生假期经常去其父亲工作单位的招待所就餐,他看到进出招待所的客人和工作人员穿着都很讲究、很神气,自觉寒酸,也就开始注意打扮起来。他还央求哥哥把手表借给他戴。对这种追求衣着打扮、追求时髦的思想表现,如果不及时教育,发展下去是很危险的。因此,侯老师马上与家长联系,开始进行共同教育工作。在家、校密切配合下,经过一段时间的努力,××同学认识到艰苦奋斗光荣、奢侈腐化可耻的生活哲理,又开始集中精力学习,进步得很快。

六、较强的激励能力

激励即激发鼓励,是一种运用外界令人感奋的刺激诱因,调动学生积极性的教育活动,是促使学生把这种外部刺激内化为个人自觉行动的过程。这个过程要解决的主要问题是班集体目标和班集体现有水平的矛盾问题,以及和学生需要的关系问题。它既不能靠压抑个人需要以保证班集体目标的方法来实现,也不能靠降低班集体目标以迁就学生个人需要的方法来实现。对班集体中的不同对象,激励的内容和方式、激励的目标、激励的结构、激励的强度、激励的时机一般是不同的。可以说,激励是因人而异的协调艺术,而不是千篇一律的工艺技术。激励能力,包括正强化激励能力——表扬、奖励,负强化激励能力——批评、惩罚和评价学生的能力等等。

案例

不是学生没有优点
——帮他找到自信的切入点

陈海燕

今天是学生拿成绩单的日子。为了给大家一份惊喜,我给每一位学生都预备了奖状和奖品。

早上一到校,我就为写奖状忙开了。开始时,奖状写得很顺利:"李小宁在期末考试中取得优异成绩","杜鹏在校演讲赛中获得二等奖","缪飞飞在校运动会上夺得跳远第三名","何华班干部工作认真负责"……可后来,渐感力不从心,越写越吃力,对有的学生我要搜肠刮肚一番才能把奖状完成。直到最后剩下的8位,我是实在想不出颁奖的理由了。于是,我重新翻开记事本,期待能从其中发现被我遗忘的东西。可一页页看下去,学生的闪光点没找到,却重现了他们往日学习生活中的许多缺点。

×月×日:晓超故意拿实心球砸花坛边的小树。

×月×日:晓风又没有完成家庭作业。

×月×日：晓勇与小雄打架时撞翻了讲台上的墨水瓶，泼在了电脑上。

我失望地合上了手中的记录本，怎么办呢？眉头一皱，计上心来。我拿起奖状和奖品走进了教室。

我叫着一个个学生的名字。很快，学生面前的课桌上摆上了各种各样的奖品，有笑容可掬的动物储蓄罐，有憨态十足的布娃娃，有机器猫小闹钟，还有计算器、钢笔……可那8位同学桌上仍旧空空的，什么都没有。他们睁大眼睛望着我讲台上剩下的奖品，流露着渴求的神色。

我清了清嗓音说："老师还有8件精美的奖品要奖给剩下的8位同学，但是在颁发奖品之前，我有一个小小的作业，他们如果做对了就能拿到奖品。我请大家做评委。"我的一番话让全班学生都静了下来，个个都好奇地等待着。"今天的作业很简单，他们只要说出拿这个奖品的理由并得到大家的赞同，就可以了。""快快，快说。"热心的学生已经等不及，催促起他们来。

第一个站起来的是语数成绩全不合格的晓超，"我很热情，班里的矿泉水都是我找同学一起抬上来的。我虽然长得胖，但体育还算优秀，还有我的作文因为题材新颖，总受老师的表扬……"没料到他对自己的优点蛮清楚的。"大家认为怎么样？"学生们异口同声地回答："通过！"

晓超上台，喜滋滋地从我手中接过我当场书写的"关心集体"的奖状和卡通钟，开心地回到了座位上。

第二个站起来的是号称"打架大王"的晓勇，他曾经因向班里同学要钱物在班上检讨过。晓勇红着脸低着头说："我以前向同学讨东西，但那一次以后，我再也没有向别人要过……"我拿眼神向同学们询问，回答是一致的："是的。""您叫我擦黑板，我没有一次漏掉过，下课马上就把黑板擦得干干净净。""这叫什么？""忠于职守"、"工作认真负责"……晓勇也乐滋滋地从我手中接过奖状和奖品。

接着又有5位学生顺利地领走了奖品，最后只剩下晓风同学。可是无论我和同学怎么提醒、催促，他就是一言不发。

最后，我把他单独叫进了办公室。我还没说话，他倒先哭了。的确，这是我们班里最不起眼的学生，学习成绩差自然不用说了，其他的表现也很欠缺。"你能说说自己为什么哭？"虽然我知道自己这是明知故问，但还是问了。"我想拿张奖状让爸爸高兴高兴。""你很爱你爸爸？""嗯！"他点了头。"你怎么爱你的爸爸呢？""爸爸干活的时候我会给他倒茶；吃饭的时候，我会给他盛饭；爸爸生病了，我会照顾他，陪他说话；放学爸爸来接我，我让他坐在三轮车上，然后带他回家……"听到这里我笑了："真的？""真的。爸爸身体不好，我怕他吃力。"这时，我看到了办公室外人影一晃，是晓风的父亲。我走了出去，与他父亲闲聊了几句，他的话得到了证实。

我转身进了办公室，在最后一张奖状上端端正正地写上"奖给孝敬父母的好学生"。他从我手中接过奖状和卡通闹钟后，破涕为笑，说了声"老师再见"，迫不及待地走出办公室去找他的父亲。看着父子俩高高兴兴走出校门的身影，我心里涌起一阵感慨："不是学生没有优点，而是我们没有认真地发掘啊！"

看到最后一个学生走出校门时那兴高采烈的样子，我发现自己做对了一件事情。给每一个孩子一张奖状，在有的人眼里或许会觉得这是泛滥：第一，有必要给每一个孩子奖状吗？第二，每一个孩子是否都有拿奖状的资格呢？当我们的脑海中出现诸如此类的问题时，已经犯了一个错误——那就是把学习成绩和一技之长看成衡量学生好坏的唯一标准，忽视了那些与成绩无关但也同样重要或者更加重要的做人的品质，以致每一个班级中都有一些众所周知的后进生。这部分学生缺乏自信，他们背着沉重的心理包袱，在同学面前抬不起头或表现极端。教育的对象是人，我们不能以分数为唯一标准，像对待产品一样，以正品、次品和废品给学生分类和定义，而应该相信每一个学生都有优点，都能进步。要抛弃单一的衡量标准，全方位、多角度评价学生，让每一个学生都有值得自豪的地方。

自信是一个人走向成功的动力,尤其是孩子的自信,是需要我们重视和建立的。老师的鼓励、表扬和肯定,正是帮助孩子建立自信的过程。每一个学生都有自己的长处,也有自己的缺点,但我们教师在平时的教学中,总是有意无意地盯在学生的缺点上,而一次次地忽视了他们的优点,特别是那些不能用考试成绩来表现的优点。因此,班主任应该相信每一个学生都有长处,都有他们的闪光点,不能以貌取人,以分取人,应该从不同的角度去发现学生的闪光点,尽可能多地发掘他们身上的优点。对于已经自卑的学生,教师更要深入了解,积极鼓励、表扬,帮助他们卸下自卑的包袱,为之插上自信的翅膀,让他们在广阔的天空中翱翔。

【分析】

这是一则运用激励理论进行激励教育的典型案例,字里行间体现了一个优秀班主任先进的教育观念,凸显了她的教育智慧。教育观念是教育行为的先导,观念错了,教育行为就会出问题。比如,在评价学生问题上,一些教师往往以分数为唯一标准,因此,受到表扬和奖励的仅仅是少数学习尖子生,长期如此,必然会产生负面影响,使多数无缘获得表扬奖励的学生产生不满情绪和自卑心理,这也是造成班级不和谐的因素之一。而陈老师在评价学生时,坚持的是"多一把尺子,多一批人才"的评价观和人才观。她坚信"不是学生没有优点",而是教师尚未发现——"任何一个学生都有值得称赞的地方",于是就有了案例中许多可以"获奖的理由"。当我们看到孩子们从陈老师手中接过奖状时的那股兴奋劲,我们就没有理由不相信陈老师这一做法的正确性。这种做法,无疑也提高了学生的自信心,使他们能够"发扬自己的优点,克服自己的缺点"。

当然,有时班主任不一定能够发现所有学生身上的所有优点,像陈老师工作这样仔细的人也不例外。但她坚信孩子们自己最了解自己,引导他们自己教育自己才是上策。于是,她给尚未获奖的8位学生"出了一道作业",并说:"做对了就能拿到奖品。"这一下子就把学生的兴趣调动起来了。这时陈老师说出了题目:"只要能说出拿这个奖品的理由,并得到大家的赞同,就可以了。"这一做法不仅出乎学生的预料,也出乎我们教师的预料。这的确是一个不寻常的举措。也许我们会说这行吗?事实却告诉我们,这个案例最成功之处就在这里。于是"关心集体"、"忠于职守"……等荣誉称号就有了归属。这时,只有晓风同学一言不发,到了办公室才对陈老师说:"我想拿张奖状让爸爸高兴高兴。"细心的陈老师抓住了与晓风聊天的话题并发现他是一个"孝敬父母的好孩子",并在奖状上端端正正地写下了这几个大字。晓风和他的父亲高高兴兴地离开学校的场面真地让人感动。同时,我也为陈老师的做法拍手叫绝,这个过程又体现了陈老师的正确的学生观和教育智慧。

这个案例的确无可挑剔,但我们向陈老师学习的更应是不断更新自己的教育观念,至于这种激励的方法要灵活运用,不一定照搬,也不必经常使用。

七、生动艺术的语言表达能力

语言表达是班主任能力结构中的重要因素,也是直接影响教育效果的重要因素。语言表达能力,就是把自己的思想、感情、知识、意愿、要求等,通过语言准确表达出来的能力。正确的教育思想,要通过准确的语言来表达。要启迪学生的心灵,要陶冶学生的情操,就得如琴师弹琴一样,运用生动艺术的语言拨动学生的心弦,引起强烈的共鸣。许多优秀班主任在教育学生中能取得显著成效,除了具有较强的事业心、责任感,具有渊博的知识和丰富的经验外,善于运用丰富、生动、形象的教育语言也是一个重要因素。相反,有的班主任语言单调乏味,内容空洞,含混不清,甚至粗俗污秽,恶语伤人,那么,尽管他们也有教育好学生的良好愿望,但由于语言运用能力欠佳,依然不能达到预期效果,甚至会适得其反。

班主任应当是语言艺术专家,除了对一般教师所要求的语言要准确、明了、简练、通俗、规范、流畅外,还应当具有说服力、感染力、鼓动力,能使学生入耳、入脑,能打动学生的心灵。下面是对优秀班主任的语言艺术运用要求：

（1）采用准确、鲜明、生动形象的比喻。例如,用"被同一块石头绊倒两次,这是一种灾难"的比喻来教育学生不要重犯错误,这就比干巴巴的说教要好得多。

（2）引用一些诗句、典故、轶事来借题发挥。例如,在"争分夺秒,为中华腾飞而努力学习"的主题班会上,用"不知道明天做什么的人是不幸的"、"时间是组成生命的材料"等警句,就能起到先声夺人的效果。

（3）应用富有哲理的警语、格言、绝句、脍炙人口的名言,会使学生刻骨铭心,长时间地回味。一位毕业生给中学班主任老师写信说,老师讲的"有所作为是生活中的最高境界"这句话,给他留下深刻的印象,使她受挫而不馁。

（4）讲求风趣、诙谐和幽默。平淡、单调、枯燥的语言引不起学生的兴趣和积极思维,而趣味的语言具有特殊功能,运用广为流传的笑话、典故来调节、刺激学生的思维,能收到较好效果。

参考

做一个会说话的班主任

万秋萍

夸美纽斯说过："教师的嘴是一个源泉,从那里可以产生知识的溪流。"教师语言能力的强弱"极大程度上决定着学生脑力劳动效率"。班主任与学生之间的交流十分频繁,同样的一句话,不同的说话方式会产生截然不同的效果。班主任有必要掌握说话的语言艺术,并不断锤炼、提高自己的语言技巧。

1. 用感召的语言点燃激情

班主任是以"磨嘴皮"作为重要工作内容的,然而高中学生的自我意识比较强,他们对于来自家庭、社会、学校的说教容易产生"听觉疲劳"。因此,班主任在与学生说话时应针对所讲的内容,对所运用的语言仔细推敲,反复提炼。

(1) 号召时要具有鼓动性,让学生听了精神振奋,干劲倍增

当代的高中生虽说是被家庭、社会宠坏的一代,但他们和任何时代的青年一样,对外面的世界充满好奇,有强烈的求知欲和实现自我价值的意识。他们充满激情,活力四射。因此,如果说他们是一列正欲前进的火车车头的话,那么班主任的舌尖便是点火器,充满激情的号召和振奋人心的鼓动便能激发他们火一般的热情。

以下是我与 2011 年高一新生的首次谈话:同学们,从你们一双双清澈明亮的眼睛中,我能读懂你们对未知世界强烈的探索欲望和实现自我人生价值的强烈意识。年轻是我们的财富,但我们不能用我们的青春去赌明天,而应用青春、汗水、智慧从此时此刻起谱写我们人生精彩壮观的乐章。让我们做那搏击惊涛骇浪而不沉沦的勇士,不要做在风平浪静中也会溺水的懦夫。我相信我们在座的每位同学都会使自己潜藏的能量像火山一样爆发出来,来实现自己的人生价值。现在让我们挺起胸膛、昂起头,一起大声说:我能行,我最棒!在学生的大声呐喊中,我似乎听到学生隐藏着的激情在流动。首次谈话是否具有鼓动性和号召力,很大程度上影响着新班级今后的精神面貌,影响着班主任在学生心目中的形象——班主任积极向上的精神面貌会时时刻刻给学生一种积极的心理暗示。

(2) 抒情时要具有感召力,让学生听了产生共鸣,释放情感

学生从小到大,从家庭到学校听惯了单调无味的说教,慢慢产生了"听觉疲劳"。有些学生甚至产生了一种与他们年龄不相称的冷漠,被爱包围却出现爱的饥荒。然而这些只不过是他们表面的一种幼稚的逆反和偏执,在他们的内心深处仍然隐藏着丰富的情感和一颗未泯的爱心。而这时,作为学校教育工作的主要执行者的班主任,在用自己的行动让他们明白什么是爱、怎样去爱的同时,经常用诗化的、抒情的语言对他们进行爱的教育,对他们产生情感上的共鸣、释放情感、洗涤灵魂有着不可估量的作用。

我利用 3 月 8 日国际劳动妇女节这一特殊的日子进行了一次"母亲,我拿什么献给你"的主题班会活动。在班会上,我给学生诵读了《读者》的一篇文章。文中年轻母亲撕心裂肺的丧子之痛,加上我的真情演绎使全班陷入一片沉寂,只听到学生的抽泣之声,甚至男生也在偷偷拭泪。我最后总结发言:同学们,文中的母爱震撼了我们原本以为早已坚硬的心。母爱这世界上最伟大的爱,它离我们遥远吗?不,我们无时无刻地在母爱中沐浴着。然而,我们又有多少人能像此时此刻一样为我们自己的母亲给我们的爱而感动呢?相反,我们有些同学对妈妈的爱置若罔闻,更有甚者,把这种爱当成一种束缚,对妈妈呼来喝去,不知尊敬。你知道妈妈又多了几缕白发?你知道妈妈又添了几道皱纹?我们可曾问过自己这白发和皱纹之中包含了妈妈对我们的多少爱?爱自己的母亲吧!尽力去实现母亲寄托在我们身上的希望是献给母亲最好的礼物,是对母亲最好的回报。娓娓道来的一席话把学生从感受文章中的母爱引入了"母亲,我拿什么献给你"的沉思中。学生在周记中写道:老师,你在班会上诵读的文章及你那看似轻声慢语的一席话如当头棒喝般震撼了我们麻木的神经,唤醒了我们的心灵,让我们意识到了自己的无知和幼稚。谢谢!

(3)讲理时要具有说服力,让学生低头沉思,心服口服

高中生已经有了较强的自我意识,如果班主任一味采取居高临下、强制打压、上纲上线的语言表达方式,非但起不到教育的作用,反而引起学生的逆反对抗心理,影响班主任在学生心目中的地位,影响班级管理工作的顺利开展。因此,在这种情况下,班主任应当言之有序,言之有理,言之有据。切忌东拉西扯,语无伦次,不得要领,甚至带着轻蔑的语气。亦不可新账旧账一起算,甚至情绪冲动说一些有伤学生自尊的话。

高三最后冲刺阶段的一节自习课已经上了十几分钟了,小施的座位上还是空的。我强忍了半天的怒火,终于忍耐不住直奔操场。在楼梯上我们遇上了。我一言不发地盯着他,居然他

也不甘示弱地看着我,一副有理的样子:我不过就是去打会儿篮球放松一下嘛。我马上读懂了他的眼神。"小施,最近提出的英语问题还很多的嘛。谢谢你没让我资源浪费哦。"我边说边把他引到了办公室,搬了张椅子,"请坐。"小施满脸狐疑看着我。"你的颈椎最近还好吧,看书作业后可要记得多抬头,放松一下颈椎(他有比较严重的颈椎病,他母亲早就要我让他少打篮球)。我知道你酷爱篮球,也的确需要放松一下,但你的颈椎不允许你在这么仓促的时间做这么剧烈的运动,我很担心,如果这时出点什么差错的话,我怎么向你的父母交代啊(他很孝顺母亲,他母亲有脑瘤)。"本想和我辩驳一番的他低下了头。"再说在自习课时打篮球是在不适当的时间做了原本正确的事情。""老师,我错了,我保证以后不犯类似的错误,而且看到本班同学犯同样错误时我会去劝阻他们。"我拍了拍他的肩膀,"真好,我很高兴有你这样的学生"。最后我和他击掌以示赞赏鼓励,并笑着说:Nothing is impossible(这是他的座右铭)。后来,他不但没犯同样的错误,而且在最后冲刺阶段,情绪高涨且稳定,在高考中取得了非常理想的成绩。

2. 用灵活的语言沉着应对

班主任的工作对象是学生,而学生是千差万别的。班主任在运用语言技巧时,应因地因时因事因人而异,绝不能千篇一律,单调重复。

(1)针对不同的对象,选择不同的语言表达方式

个体与个体之间存在很大的差异,如性别、性格、心理承受能力的差异等。如果班主任在日常工作中不注意这些差异的存在而千篇一律用同样的语言表达方式,那么班主任的日常班级管理工作一定会处处碰壁,更谈不上教育效果了。

女生小王,曾因违纪而受到过学校的行政记过处分,从此以后一直郁郁寡欢,敏感且易情绪化。男生小刘性情耿直,但口无遮拦。有次为小事两人发生争执,小刘情急之下揭了小王的伤疤,小王含泪夺门而出。我了解了事情的原委后,决定先找小

刘,用非常严肃的语气说:为人之道,岂能口无遮拦?揭人伤疤,实非君子所为。你平日里也忠厚耿直,明辨是非,可你这张嘴就是爱惹事。再说小王是女生,你堂堂七尺男儿,怎能胸怀狭小。即使小王有所不对,你一个大男生也应该礼让三分啊。万一小王一时想不开,我看你怎能负得起这个责任。在我有理有据、一张一弛地剖析后,小刘承认错误,并主动提出要向小王道歉。在学校的吸烟室,我和哭得双眼红肿的小王促膝而谈,我为小王擦去委屈的眼泪,捋去搭在脸上的刘海儿,抚摸着她那双冰冷而略微颤抖的手,开始了我和风细雨的劝慰。这一系列的体态语言似乎比任何口头语言更加有效,使她找到了一种安慰、一种安全感。

(2)针对不同的事件,选择不同的语言方式

班主任的工作内容是多方面的。上学科课时,语言应严谨、简练,有逻辑性和启发性;班会课上,语言要有感召力、鼓动性;课下与学生交谈,语言须有亲切感;学生犯了性质严重的错误时,语言就得有震慑力。

小周是一位音乐专业的女生,动不动就会歇斯底里发脾气,过后却又风平浪静,弃之脑后。有次因她犯错,我把她母亲请到了学校。在办公室,她居然不服她母亲的说教,开始了她一贯的歇斯底里的发作。她母亲眼泪汪汪,束手无策。见势我突然起身猛拍桌子,大声怒喝道:你想干什么?这声怒喝把她震住了,她随即便蜷缩在地,号啕大哭。哭,是一种不良情绪的宣泄。等她哭过后,我拉了张椅子让她坐下,递过面纸,然后开始了我入情入理的教育。

(3)针对不同的时间、地点,选择不同的语言表达方式

谈话的时间、地点,对谈话的效果影响是很大的。一般说来,能不当全班同学面批评,就不当全班同学面批评,找一个僻静的地方推心置腹地谈;能不在办公室批评,就不在办公室批评,在操场一角或花园一椅静静地谈;能不口头批评的,就不口头批评,一张纸条、一个眼神、一个动作更能奏效。

小薛在省美术专业考试中取得了非常优异的成绩，正当他信心百倍地向终点冲刺的时候，有天他神情忧郁地找到了我。我把他带到了操场，交谈后发现原来他是遇到了所谓的情感问题。5月的清晨，清风徐来，万物生机盎然。我借景抒情，喻理于景，慢慢打开了他的心结。操场空间开阔，放眼远望，心胸顿宽，比在空间狭隘有压抑感的办公室里交流效果更佳。

3.用激励的语言指明方向

心灵的成长需要很多东西来滋养——一个赞许的眼神，一次肯定的点头或一句鼓励的话语等等。值得一提的是，运用文学语言进行描述性的表扬会使学生回味无穷，并备受鼓舞，甚至会留下长久、牢固的记忆而影响一生。我经常用周记本、作业本、书信、纸条、学期评语甚至手机短信来进行文学性的文字沟通，给学生带来全新的感触。因为文字沟通不像口头语言那样，有时显得突兀、不自然，它更容易被趋于理性化的高中学生接受，避免学生产生肉麻的感觉。"……每次看到你像忙于采集的小蜜蜂一样埋头苦干的时候，老师就会想起自己的学生时代，你和那时候的我有太多的相似之处。你文静，优雅，善良，你那幽幽兰花般的外表却掩不住你那坚忍不拔的意志。"这是我写在一位女学生作业本上的话。三年之后，她进入了理想的大学。她母亲打电话告诉我：孩子把这段话贴在了床头，三年来她从入学时的四十多名不断进步，一直稳定在班级前十名左右，并进入理想的大学，这和老师你赏识、鼓励的话是分不开的。

4.用民主性的语言树立威信

班主任在学生心目中应逐渐树立威信，这威信不是以居高临下、强买强卖的方式能树立起来的，而需要班主任用精湛的语言艺术把自己的知识和人格魅力恰到好处地表现出来。班主任应用民主性的语言表达方式来维护自己在学生心目中的地位。如请学生做事时，"某同学，请你帮我……好吗？"；指出学生的无心之错时，"我可以给你提个建议吗？"再如与学生讲话时多用"我们"，少用"你们"。班主任在工作中不可避免会失误，这时班主任就应该放下架子，主动向学生承认错误。可以当着全班口头道歉并鞠躬以示诚意，也可以书信的形式向当事的学生主动认错。以我的亲身体验，班主任给学生主动道歉认错，不仅不会降低在学生中的威信，相反，能得到学生的肯定而进一步提高威信。

我们只有不断提炼自己的语言技巧，将自己内在的知识、理想、道德价值外化为语言作用于学生，才能使学生领会并受到深刻感染。

八、因材施教的能力

当前，中小学生能力的差异主要表现在以下几个方面：

1. 一般认识能力

这是学生在一切活动中都不可缺少的基本能力，如观察力、记忆力、注意力、思考力等。学生在这些方面表现出能力的个别差异。

2. 特殊才能

这是指学生在某种专业活动中所特需的能力，如音乐能力、绘画能力等。学生在这方面的个性特征表现很明显。

3. 能力发展水平

学生能力发展的水平是极不相同的。根据能力（主要是智力）发展水平的高低，可以将学生划分为超常、中常、低常三种。

4. 能力表现的早晚

人的能力的充分发挥在表现时间上也是千差万别的。有的学生能力发展早、发展快，很早就显露出卓越的才华，相反，有的人则发展迟、发展慢，在早年并不显露多么聪明，但长大之后却表现出惊人的才华，这叫"大器晚成"。

5. 认识方式

认识方式又叫"认知风格"。它是指学习所偏爱的加工信息的方式或倾向。这方面的差异主要有：在认知的媒介上，有的学生倾向于借助具体形象或进行记忆和思考，而有的学生则倾向运用概念进行分析、判断和推理；在掌握教材上，有的学生习惯于按教师讲课的顺序和教科书上现成的公式、原理、概念来学习,而另外一些学生则有自己的一套方法。在学习与反应的速度方面,有的学生反应快但容易发生错误,有的学生反应慢但错误较少,有的学生又快又正确,有的学生又慢又不正确。

能力差异除上述外,还有男女性别上的差异等。

面对学生的种种差异,班主任必须学会因材施教的方法,在教育、教学工作中,应该做到:第一,按程度分校、分班、分组等方法,目的在于促进不同能力水平学生的发展。但那种把成绩好的学生视为"明珠"百般爱护,而对成绩差的学生采取轻视的态度是错误的。正确的做法是对学习困难的学生采用个别指导,使他们弥补学习中的缺陷,跟上班级水平。第二,根据学生认知方式的不同,采用不同的教学方式。对有的学生要精心辅导,而对另一些学生要留有余地。其目的是让学生在原有知识水平上,做到"跳一跳就能摘到果子",各有发展。第三,要把一般认识能力的发展和培养与特殊才能的发展和培养有机地结合起来,充分考虑到学生的能力现状,认清其能力的优势和不足,促进学生能力全面、和谐地发展。第四,学生的能力是在活动中通过知识技能的掌握而形成、发展起来的;他们的个性倾向、性格和气质特点等影响着能力的发展和形成。为此,应该结合学生其他方面的心理特点,正确组织、合理安排并指导学生参加活动、完成任务,以促进学生能力、个性及其整个心理的发展。

九、协调师生关系的能力

教育改革对班主任工作的要求,说到底就是师生关系的解放这一要求,以使大多数班主任开始树立"以人为本"的学生观,开始注重师生之间的人格平等。教育过程中师生关系的解放,班主任要把握这一关键,从人性的角度去了解学生,从人格的角度去理解学生,正确处理好以下五种人际关系。

(一)班主任与班级学生的关系

班主任与班级学生的关系应当是互相尊重和理解,班主任对学生应有一颗真诚的爱心。尊重是爱的前提,师生间有教育与受教育的区别，但在人格上是完全平等的，教师需尊重他们，强化他们的自尊心和自信心。在尊重和理解的基础上对他们严格要求，规范他们的言行，同时教师要以身示范，班主任须先守纪。孔子曰："其身正，不令而行；其身不正，虽令不从。"

（二）男生与女生的关系

正处于青春期的少男少女对男女关系一般都很敏感，这就需要班主任进行正确的引导，平时多组织一些活动，让他们共同参与，培养集体主义情感。另外，班主任心要正，在平时工作中要公平，不能偏袒男生或女生，并适时开展教育。不论男生还是女生都是集体的一部分，是班级这个大家庭的成员，缺一不可，都应主动维护集体利益。

（三）班干部与一般学生间的关系

首先，要加强班干部队伍建设，班主任要使他们明确自己与一般同学无高低之分，是平等的，他们的工作目的是为班级同学服务。其次，班主任要在班级同学面前多给班干部树立威信，为他们的工作扫清障碍。最后，班主任要在幕后多指导班干部工作，帮助他们开展工作，发现问题及时纠正。如果班干部与同学发生矛盾，班主任要实事求是，不能偏袒班干部。

由于学生的来源各不相同，有的来自城镇，有的来自农村。他们的生活环境、家庭状况等都存在很大的差别，所以班主任在看待学生时要尤其注意不能戴有色眼镜，应平等待人，一视同仁。在日常工作中要多给那些农村孩子一些机会，锻炼他们的能力，增强他们的自信心，消除他们的自卑心理；同时要消除城镇学生的优越感，逐步将他们的注意力引导到学习上来，实现整个班级的团结、和谐、统一。

（四）先进生与后进生的关系

先进生、后进生不过是应试教育的产物。有竞争就有优劣，班主任应公正地对待这一问题。既要看到先进生的不足，也要看到后进生的闪光点。要营造在学习上大家互相帮助的良好氛围，学习好的应积极向稍差的同学讲解，学习稍差的同学应多向好学生讨教学习方法和学习经验,互励互勉,共同进步。

十、具有"高瞻远瞩"的预见力

"凡事预则立,不预则废"。"预"即有预见、有准备、有计划,才能把事情办好。班级工作也是如此。要做好学校班级工作,班主任特别是新上任的年轻班主任,尽管经验不足,也必须具有预见性的素质,从而制定好切实可行的班级工作总目标,提出近期指标和远期规划。制定计划切忌求成心切、急功近利,不能只重"治标"轻"治本"。要根据学生的学习、性格、能力、身体状况等具体情况,不断修改方案,进行追踪、了解、校正。班主任在制定管理目标时,要充分发动老师和班干部一起讨论。要集众人智慧于一身,熔各家之长于一炉。

十一、良好的教育方法

1. 细心观察,"望"清其表

所谓"望",就是教师通过细致的观察,了解学生在学习生活中的表现和情绪变化,从而及时、有效地开展教育工作。有人认为:班主任天天与学生"滚爬"在一起,不用了解,每个学生的情况也是了如指掌。其实,班主任要真正对全班、对每个学生做到全面深入的了解,是很不容易的事。正像裴斯泰洛齐所说:"每一种好的教育都要求用母亲般的眼睛时时刻刻准确无误地看孩子的眼睛、嘴、额的动作来了解他的内心情绪的每一种变化。"工作中,我们会经常碰到这样的情况,如:为什么有的学生这几天神情恍惚?为什么今天他忧心忡忡、双眉紧锁?为什么她近来上课注意力分散,心不在焉?为什么有的学生成绩突然下降?为什么某同学这几天花钱那么多?等等。这些重要的信息,班主任只有做一个有心人才会发觉,才能从实际出发,有针对性地及时开展教育工作。班主任想要洞悉学生的一切,成功地做好"育人"工作,就得善于观察,做个有心人。只要你具有一双善于发现的眼睛,就一定能够"见月晕而知风,见础润而知雨"。

2. 耐心倾听,"闻"全其声

"闻"就是听,在中医诊断中大夫往往通过倾听病人对病况的自述来了解病情。在班主任工作中,"倾听"同样也是老师充分了解学生情况的有效手段。我们常说班主任应是学生的良师益友,良师易做,益友难当。班主任不仅要传道授业,还应像朋友一样善于倾听学生的心声,了解他们的内心世界,随时随地地同学生"心理换位",想其所想,再晓之以理、导之以行,才能真正成为孩子们学习生活中的益友。

3. 真心关怀,"问"明其想

学生需要爱,爱心则来自于班主任那亲切的话语和细致入微的体贴和关怀。在学习、生活中,遇到如下情况学生更需要班主任亲切、真诚的"问":学生之间发生矛盾时;学生遇到困难时;班级某种不良风气抬头时;学生受到挫折、犯错误时……每当这时,班主任都应该主动接近学生,一次次真心实意与他们促膝长谈。面对老师那暖意融融的关心和爱护,学生不会无动于衷,他们会受到感动、感染和感化,产生对教师的亲近感与仰慕心理。这时学生就会将他所信任和爱戴的老师作为模仿与认同的榜样加以仿效,就会由于喜欢该老师而倾向于接受老师的影响,从而"亲其师而信其道"。

4. 客观评价,"切"准其脉

班主任对学生的教育如同中医给病人切脉,只有细心把准其脉,方能药到病除。而班主任对学生客观公正的评价,有利于学生树立前进的信心和战胜困难的勇气,促进孩子的健康成长。对于后进生,"切"准其脉尤为重要。每个孩子都有自尊心,老师客观、公正、恰如其分的评价,善于从消极因素中寻找积极成分,在失败中点燃起希望之火,这种做法有助于后进生的转化。如某班有一个叫王腾的同学,他学习不用功,上课爱插话,搞小动作。在其他同学心目中,他是个后进生。也许有破罐子破摔心理,也许是"秉性难移",他根本不在乎同学们对他的评价,依旧我行我素,学习成绩不见好转。于是,班主任和他单独谈了一次话说:"你是个爱集体的好孩子,有很强的集体荣誉感,在上次跳绳比赛中你为班级赢得了荣誉。如果你能把这种勇夺第一的拼搏精神用到学习上,你的成绩一定会百尺竿头,更进一步。我相信你一定能成为一个品学兼优的好学生!"也许是第一次得到老师的表扬,他竟然哭了起来。从此,他在老师的耐心教育和帮助下,一改往日的面貌,学习认真了,如同换了一个人。一学期下来,他的学习进步很大。

教师倾注满腔的热情,不带任何偏见,才能看到学生的闪光点。正如苏霍姆林斯基所说:"要让每一个学生都抬起头来走路。"老师公正客观地对他们评价,才能如和煦的春风,沁人心脾,润物无声。教海无涯,班主任工作的方法很多,只要细心"望"其表,耐心"闻"其声,真心"问"其想,准确"切"其脉,以满腔热忱去动之以情,晓之以理,催其猛醒,促其奋进,执着地相信每个孩子都能成为有用的人才,给学生的进步创造一个良好的心理环境,每位教师都会成为孩子们的"良师益友"。

5.辩证施教的教育方法

班主任的教育活动具有创造性的特点。这一活动并无确定的规程、模式或方法可以到处套用。这就决定了"教学有法而无定法",即所谓"运用之妙,存乎一心"。班主任必须以唯物辩证法为指导,根据不同的实际情况(如对象、内容、环境、条件等),采取不同的教育方法,才能获得良好的教育效果。

班主任要想教育好学生,就必须用发展的眼光全面了解和正确评价学生。在学校里,常有这样的事:一个学生的学习成绩很好,班主任认为他一切都好;而有的学生某一方面表现不好(如纪律、礼貌),班主任则认为他什么都不行,一无是处。这种现象在心理学中称为"晕轮效应"。由于晕轮效应而使班主任对学生产生认识上的偏见和教育上的偏差的情况很多。班主任尤其要注意捕捉后进生身上的闪光点,并用来点燃后进生求知和上进的欲望。要坚持一分为二的观点,善于引导学生激发自身的积极因素,用积极因素克服消极因素。尤其要善于发现后进生身上的积极因素,加以扶植和培养,使之发扬光大。

班主任辩证的教育方法,表现在对不同学生的区别对待、因材施教上,表现在教育内容和教育方法上,表现在根据教育对象的身心特点重新安排、重新处理、不断变更和创新上,还表现在根据变化了的新情况善于随机应变、当机立断作出恰当处理的机智上。班主任必须因人、因事、因时、因地制宜地灵活运用教育规律,既不背离教育的一般规律,又不能机械地生搬硬套。

案例

对口味

丁老师是一位勇于探索、不断创新的班主任。在工作中,她感到传统的班会不是听报告就是讨论。久而久之,学生感到索然无味,教育效果甚差。针对这种情况,她把班会活动大致分为主题性班会、活动性班会、知识性班会、节日性班会、教育性班会、即时性班会、学生自己组织的班会等形式,通过这些丰富多彩的班会活动促进学生德、智、体、美、劳全面发展。

第三节 班主任的文化素质

班主任的文化素质是工作职责的要求,是影响教育效能的因素之一,是重要的影响力。所谓"影响力",是班主任实施教育、劝告、说服或建议等所能引起学生作出预期反应的一种心理力量、精神力量。显然,影响力越大,班主任的工作效能也就越高。所以,提高班主任文化素质就成为搞好工作的重要前提。班主任应具备广博精深的科学文化素质,包括马列主义理论修养、精深的专业知识、广博的相关学科知识、基本的教育理论素养。

一、具备一定的政治理论修养

马列主义、毛泽东思想是中国共产党的指导思想,也是班主任进行教育工作的指导思想。马列主义著作中关于教育的学说,对人的全面发展、共产主义道德教育、发展人的创造力以及培养人的审美观等，都作了精辟的阐述。马克思主义哲学是马克思主义的重要组成部分，它是关于世界观的理论体系，是人们对整个世界的根本观点和总的看法。班主任运用辩证唯物主义和历史唯物主义的基本原理，有意识地与教育工作实践结合起来，采取生动有效的方法，能有效地提高学生的认识水平和思想政治觉悟。所以，马列主义是班主任工作的指南，是坚持教育方向的理论基础。

二、具有精深的专业知识

班主任均担任一门或两门课的教学，要对自己所教学科达到精通和专门化的程度；对所教学科的全部内容有深入透彻的掌握并达到精细钻深；同时还应掌握本学科现代发展水平，不断吸收、融合到教学中去，以丰富教学内容。这样，不仅通晓教学大纲所要求的全部知识，而且熟悉本学科的发展趋向以及最新成果，做到教学面向现代化，面向未来。

班主任教师精通所任学科的专业知识，才能了解每一部分的知识在学科结构中的地位、意义及其作用，才能轻松自如地把握每节课的重点、难点及知识联结点，才会有目的地使学生形成本学科知识的框架和系统化，即掌握本学科的知识结构。

教师掌握精深的专业知识，是为了在讲课时做到"居高临下"、"高屋建瓴"，只有"居高"才能"临下"，只有"深入"才能"浅出"。所以，要教给学生一杯水，教师必须有一桶水的储备才能"有备无患"，"驾轻就熟"，运用自如。同时，教师具有精深的专业知识是提高教育效能的需要。因为各学科的内容都包含有丰富的教育因素，在教学中针对学生的思想实际，通过教学的途径寓思想品德教育于教学之中。

据对初、高中学生调查："你最喜欢什么样的教师"和"最不喜欢什么样的教师"，结果表明，初中学生对教师第一级期望集中在：教学耐心，百问不厌，讲话清楚明白、生动有趣。在高年级（初三和高中学生）对教师第一级期望为：知识广博，教学方法好、生动有趣。随着年级的提高，对教师知识水平期望越高。可见学生喜欢的教师，在学生心目中享有威信。

教师的威信,对于教育效果的影响是很大的。威信的作用表现在:

第一,确信教师讲授的知识和指导的真实性、正确性,"亲其师,信其道"。因而学生就会有掌握知识并接受指导的自觉性和主动性。

第二,学生把有威信的教师看作典范和榜样,期望自己成为他所崇信的人,产生向教师学习的意向,并愿意接受暗示。因而,教师的要求就可以较容易地转化为学生内心的需要与愿望,即由外在动机转化为内在动机,进而增强学生努力学习和品德修养的积极性。班主任利用自己的威信,对培养良好的班风有着头等重要的意义。

第三,由于学生对有威信的教师怀有崇敬的感情,因而对教师的评价(表扬或批评)能引起强烈的情感体验,并转化为学生发扬优点、改正缺点的内部动力。

这种威信的力量,正如马卡连柯所说:"如果教师在工作上、知识上和成就上有辉煌卓越的表现,那你就自然会看到:所有的学生都会倾向你这一面了。相反地,如果教师表现得无能和平庸,那么不论你如何温存,在说话时如何耐心,如何善良殷勤,不管你如何体贴关心学生,仍然不会博得学生真正的尊敬。"

因此,班主任刻苦钻研业务,努力提高自己的专业知识水平,是做好班主任工作的重要条件。

参考

略谈班主任威信的形成

程振起

班主任威信是指班主任在学生中所享有的威望和声誉,是对学生所具有的一种影响力。影响班主任威信的因素很多,其中,由"品格、才能、知识和情感"四种主要因素所决定的自然性威信,是跟班主任本身的素质和行为密切相关的,对班主任威信的形成起着决定性的作用。本文想就此谈谈自己的几点认识。

一、重视"第一印象",养成优良品格

班主任留给学生的"第一印象"以及班主任的品格因素都是班主任形成威信的重要基础。人们在相互交往中留给对方的"第一印象",往往是非常强烈和鲜明的,具有先入为主的倾向和一定程度的心理定势,对以后的交往有着非常重要的影响。新班主任在学生心目中具有一定的吸引力,有一种职务带来的自然威信。学生对于新班主任,开始时都是出于好奇和期望,而且总是乐于接近的,而这一点也恰好是年轻班主任形成威信的优势。那么,新班主任怎样做才能给学生留下良好的"第一印象"呢?我认为,班主任必须首先准备好和学生的第一次见面,讲好第一次课,开好第一次班会,组织好第一次集体活动,处理好第一次偶发事件,等等。总之,凡是"第一",都要力争做好。除此之外,由于班主任品格的好坏会对学生的思想品德和世界观的形成产生重要的潜移默化的影响,因此,班主任要时时处处以身作则,严以律己,做好学生的表率。

二、重视自身修养,培养综合能力

能力因素是班主任形成威信的关键,是其影响力大小的主要因素。班主任的工作能力,除教学能力外,主要还有:深入、全面地了解学生的能力,以言动心的说理能力,创建班集体的组织、管理能力,指导班集体活动的能力,处理班级偶发事件的能力以及转化后进生的能力,等等。事实上,一个班级的好坏涉及很多因素,但其中一个重要因素就是班主任的工作能力。然而,班主任的工作能力并不是其文凭和资历所能替代的,它需要班主任在工作的长期实践中不断地培养和提高,如果班主任具备了比较全面的能力,就会使学生感到这位班主任很有才能,值得他们敬佩和信赖。这样一来,班主任在学生的心目中自然而然地就树立起了很高的威信,学生们因此也必然会"服其才,亲其师,信其道"。

三、注重教学效果,掌握广博知识

知识因素是班主任形成威信的前提,也是其影响力大小的重要因素。班主任知识水平的高低,不仅直接影响着学生对班主任的信赖程度,而且直接影响着班级管理的成效。因此,称职的班主任必须是一名称职的教师,必须有精深的专业知识和精湛的教学艺术和技巧。称职的教师,无论是课内还是课外,都应能使学生学得积极主动,都应能使学生在愉快的心情下获取知识和提高能力。这样的教师当班主任,就一定能博得学生们的赞赏与尊敬。然而,对于一个班主任来说,只精通所教学科的专业知识是远远不够的,还必须具备广博的相关学科的知识,具备教育学、心理学、管理学等方面的知识。只有这样,才能满足现代青年学生的求知欲望,才能激发他们广泛的兴趣和爱好,扩大他们的知识领域,培养出具有现代意识的创新型人才。

四、注重情感交流,真诚热爱学生

情感因素是班主任形成威信的催化剂。俗话说:"没有爱就没有教育。"爱就是一种情感交流,爱就是一种媒介物。班主任在工作中,要想提高班级教育的质量、在学生中树立较高的威信,就必须建立良好的师生关系,而要建立良好的师生关系,就必须建立浓厚的师生情感。因此,在工作中,班主任一方面要对学生充满热情、充满爱心,要用真挚的情感去感召学生,要用高尚的情怀去关心、爱护学生。另一方面,班主任在工作中,要特别注意自己的教育方式和工作态度,对待学生要公平、公正,要让学生感受到班主任对学生的尊重、信任和爱护,最终是要让学生发自内心地去尊重和敬佩班主任。班主任只有做到这些,才可能在师生间建立起一种真诚的、融洽的情感关系,才可能沟通彼此间在情感、思想与信息上的桥梁,才可能激起学生对班主任情感上的回报。也只有这样,班级的教育工作才可能有较高的成效,班主任的威信才可能很好地树立起来。

三、广博而深厚的文化科学基础知识

为了促进学生素质的全面发展,班主任不仅要具有精深的专业知识,而且应该具备广博的其他各门学科的知识,具有广泛的文化素质和兴趣爱好。现在的学生,处于知识爆炸的时代,接受信息的渠道广泛,思维活跃,求知欲强,接受新事物特别快,班主任如果能在专业以外的其他方面给他们以指导、影响或鼓励、支持,就更能沟通彼此之间的心灵,从而赢得学生的信赖和敬重,同时还能促进素质教育的发展。从某种意义上可以这样说:没有全面发展的班主任,就很难培养出全面发展的学生。

总的来说,班主任只有做到"专博相济",建立起既精湛又深奥、既广宽又厚实的知识结构,才能在现代教育中真正担负起自己的责任。

四、掌握基本的教育教学理论

教育工作是一项极其复杂的培养人的社会实践活动,有其特殊的客观规律。班主任要想用教育规律进行科学育人,就要努力学习教育学、心理学、教育心理学、教育史、社会学、人才学、教学法等基本理论,用以指导教育实践。掌握教育教学理论和教育艺术,才能做到科学育人,并获得预期的教育效果。所以,教育教学理论是班主任顺利进行教育工作的武器。

班主任不仅要掌握教育教学理论,还要练好教育科研的基本功。教育实践是丰富和发展教育教学理论的源泉,而班主任活动在教育实践的第一线,经常会遇到许多新问题,发现许多新情况。班主任如果具有一定的教育科研能力,不断探索教育科学的新领域,定会获得教育科学的新知识,为丰富和发展教育教学理论作出贡献。

案例

做一个让学生信服的班主任

李少林

我对"信服"的解释是"信任加服从"。做一个让学生信服的班主任,就必须让学生认同我们的观点,认同我们的行为。

每个班主任都有对班级管理的设想。如果学生不认同我们的设想,就会用审视的眼光看着我们,用怀疑的心理揣度我们,用"走一步,看一步"的行为应付我们。那么,如何让学生认同我们呢?

1. 向学生宣传解释班级管理制度

任何法律、法规都只有先向公民宣传条文的内容,说明立法的依据和目的,才能顺利实施。班级管理的设想总是以班纪班规的形式体现,要使班纪班规顺利实施,也必须向学生宣传解释。做这些工作要讲求一定的方法,才会被学生接受。

(1)让故事说话

我面对的是初中生。他们大多在家娇生惯养、爱看动画片、知识面不广,因此我决定换一种方式向他们说教。我每实施一个设想都会用小故事来做佐证,如:刚开始搞新课改,要组织学习小组,学生互助是个关键。在一般情况下,学生都怕教会了别人,自己反倒落后了。于是,我讲了一个《农夫的稻谷》的故事。有一个农夫得到了一种特别优异的稻谷的种子,大家都来向他讨要,可是农夫拒绝了大家的请求。到了收割的季节,农夫惊讶地发现,自己的稻谷居然跟邻居的一样。原来,风把好稻子和普通稻子的花粉混在了一起,所以村子里的稻子变成一样了。后来,这个农夫把自己的优异种子分给了邻居,这样,大家都获得了丰收。

学生们很容易从故事中悟出这样的道理:良好环境中的个人进步是最大的,而这种良好的环境是由分享、互助造就的。

(2)以情动人

我们的班主任都知道用"情"去打动学生,感化学生。但有时,我们也会感到困惑,我们被自己的故事感动得热泪盈眶,哽咽着说不出话来,而我们的学生却稳坐如山、面带微笑。这并不是学生的智商有问题,而是学生的情商太低。我们班主任都有培养学生感情的方法:关心学生的学习和生活、对学生嘘寒问暖、经常与学生谈心等等。但我认为对学生的"情感"也应该张弛有度,在蜜罐里的人是感受不到糖的甜味的。

如:对某些总受漠视的学生,如果我们特别关照他,他会由衷感激,发愤读书,这时我们可以持续关照他。而当他又开始违纪时,我们就可以适当疏远他,并且让他感觉到老师对他的惩罚和对他再次违纪的愤怒。这时,我相信大部分情况下学生都会主动道歉。只有让学生时时感到班主任的关心、班主任的存在,让他们觉得做得不好有可能失去班主任的友好,他们才会体会师生情感的酸甜苦辣。只有品尝了酸甜苦辣的情感,学生才会被"情"打动和感化。

(3)以理服人

现在的学生有自己的思想,衡量事物的好坏、善恶有自己的尺度和标准。如果我们不能抓住事情的要害,就不会让学生认同,他们就会与我们理论。假若我们说服不了他们,他们就会反感,继而反抗。所以,我们对每一件事情都要认真分析,找出关键所在。

比如,每个学校都有打架事件发生。一般情况下,学生打架都有理由,"他骂了我"、"他碰到了我,又不道歉"等等。如果我们用打架有害、打伤人就得赔钱、你打了别人别人就会打你等等道理去说服,收效甚微。学生反而会认为别人打了我,我就要打别人,理所当然。学生之所以有这种想法,是这种说教没有抓住事情的关键,没有获得学生认同。学生打架绝大多数是出于心理不平衡,认为受了别人欺侮,在同学面前失去了面子,必须挽回这个面子。我常给学生讲韩信忍胯下之辱的故事,然后问学生:"韩信厉害,还是市井无赖厉害?"回答是:"韩信。"我又问:"如果韩信杀了无赖,历史上还有韩信吗?"回答是:"没有。"然后我说:"韩信没有杀无赖,是因为他认为他的命比无赖的命值钱。如果你认为你比对手强,你就不要与他打。打架没有赢家,不打才是赢家。"这样,学生的心理疏通了,握紧的拳头也就放下了。所以学生打架时,一般我问三个问题:"谁赢了?还想打吗?现在怎么办?"学生一般回答:一个同学不曾赢,一个同学未曾输;不想再打;握手言和。我觉得学生基本认同了我的这种处理办法。

2. 让家长认同我们的教育方法

如果家长认同班主任的教育方法，就会帮助宣扬我们的教育方法，帮助我们在学生心目中树立良好的形象。那如何让家长认同我们的教育方法呢？

如果想在一个学期内把成绩提高，然后得到家长的认同，这是不切实际的，学知识不可能有暴发户。我们必须换一种角度来思考。我们自己做父母，如果我们的孩子说出一句关心我们的话语，可以让我们开心三天，甜蜜三天，更不用说做一件让我们高兴的事了。学生的家长又何尝不是如此？基于这种考虑，为了得到家长的认同，七年级时，我让学生每次回家说一句关心父母的话，做一件让父母高兴的事。那时，我接到最多的电话就是家长高兴地告诉我："我的孩子到了中学就懂事了。"这就是家长对我教育方法的认同。八年级时，我又让学生与父母谈一次心，并交一篇心得给我，主要是让学生理解父母。这种做法使家长非常高兴，当天就有两个家长打电话来感谢我。说实在的，我班学生成绩并不拔尖，可家长从不责问我，相信我能把他们的孩子教好，认为把孩子交给我放心。既然这样，他们肯定要求孩子严格按我的要求做，我的班主任工作还会难做吗？

3. 把"苦"事变"乐"事

我们的班纪班规在一定程度上会限定学生的自由，学生被限定了自由自然会有些难受，这就是"苦"事。我们就得想一个办法、变一种方式把我们的要求告诉学生，把"苦"事变"乐"事。

如我要求学生早晨跑步，估计学生肯定会叫苦连天，我首先自己跑两天步，然后写一篇《招友启事》说："开学来，我备感工作和学习压力，常有力不从心之感，所以我决定锻炼身体增强体质，以便更好地工作和学习。可两天来，我形单影只。现打算在55班寻找有志于锻炼身体的好友一起跑步，有意者请在下面空白处签上你的大名。"启事在班上贴出后，学生全部签上名。我认为，这比强迫学生跑步、向学生说教跑步的好处效果要好得多。又如学生厌学，我不说学习重要性，而是背诵王艮的《乐学歌》:"乐是乐此学,学是学此乐,不乐不是学,不学不是乐……"我认为这样的说教其乐融融,其乐无穷。

【分析】

班主任是全班学生的教育者、组织者、领导者,对班级每个学生的成长都有着不可低估的作用。班主任在学生中能否赢得学生的钦佩和信任,是班主任品德修养、管理能力和教育水平以及教师人格魅力的综合体现。钦佩和信任使人亲之而近之。古人云:"有威则可畏,有信则乐从,凡欲服从者,必兼备威信。"可见获得钦佩和信任对于开展班主任工作多么重要。

李老师以自己的实际工作经历,证明"言必信,行必果"对班主任而言是何等重要。孔子曾经说过:"其身正,不令而行;其身不正,虽令不从。"作为教育工作者,班主任肩负着指导学生接受教育的责任。班主任要取"信"于学生,就必须在学生面前树立起一个良好的形象。而让学生认为最可信、最有说服力的良好形象是班主任自己的以身作则,为人师表,时时处处起到表率作用,真正成为学生心目中的楷模,影响、教育学生。这是做好班主任工作的基础。

除此之外,班主任也要对学生因材施教,并懂得宽容、谅解地对待学生。每一个学生都有自己的性格特点,班主任应该利用一切可能去细心观察,分析每一个学生的性格、气质、才干和志趣,做到投其所好,赢得学生的信任。比如,有的学生比较喜欢教师的直接批评教育,喜欢单刀直入的教育方式;而有的学生比较喜欢教师的婉转批评,对于教师的直接批评,他们会产生反感。那么,作为班主任的我们,就应该根据学生的个性,采用不同的教育方式,最终达到教育学生的效果,从而赢得学生的信任。在因材施教的同时,班主任也要学会理解学生,认真研究他们的思想发展的过程,努力探索他们内心世界,并懂得宽容、谅解地对待学生。因为,人与人之间相互宽容是人际关系良性循环的润滑剂。

第四章　班级活动与管理

班级活动是学生在班主任的指导下,有目的、有计划地为实现班级教育目标而举行的各种教育、教学实践活动。开展班级活动有利于培养学生的良好品德,发展学生的个性特长,锻炼学生的意志品质,培养学生的行为习惯。班级活动是班集体形成和发展的基础。

班级管理是学校教育的基层管理,是对学生直接教育的重要环节,其管理水平直接影响学生的个性心理发展。一个优秀班集体的建立,会形成一种积极的、巨大的力量,它不仅能培养班级成员的集体主义精神,而且能促进学生的个性全面发展,促进后进生转变。班主任的管理风格、个性行为对学生有潜移默化的作用,学生自然而然地会在潜意识中把班主任作为学习的楷模。因而,班主任是班级管理的核心,班级管理方法的科学规范与创新是一个重要的课题。

第一节　班级活动的意义、特点及类型

一、班级活动的意义

班级活动是指在班主任的组织和领导下,为实现教育方针和培养目标,完成学校的教育工作计划,组织班集体全体成员参加的一系列活动。

1.班级活动是班主任对学生进行政治、思想、行为、心理教育的基本形式

班主任承担着对全班同学的教育责任,除了教学计划中规定的

政治理论课、时事学习和思想品德教育课以外,组织形式多样、内容丰富的班级活动,可以对学生进行生动、形象、具体的教育,满足学生个性发展的需要。

2. 班级活动是组织、建设良好班集体的有效方法

班级的共同努力目标要靠班级每个成员共同参与来实现。良好班集体的形成,需要通过一系列教育活动。而班级活动的有效开展,可促使班级纪律增强、同学友谊发展、班级目标实现,因而也在一定程度上标志着良好班集体的形成和发展。中学生喜欢参加各种生动活泼、富有情趣的集体活动。集体观念、集体义务感、责任感、荣誉感、为集体服务的能力,在集体活动中得到发展。通过集体活动可以增强集体凝聚力,调动每个集体成员的积极性,可以形成健康积极的良好班风。

3. 班级活动对学生身心健康发展具有积极作用

青少年学生正在长身体、长知识时期,他们精力旺盛,求知欲强。开展多种有组织的班集体活动,可以锻炼身体,增强体质;通过各种活动,可以增长知识,提高认识能力。通过班级集体活动能够促进学生良好个性的形成。学生的个性品质、兴趣、才能等在集体活动中能得到表现、巩固、发展和调整。同时,各种形式的人际交往能够促进学生自我意识的发展和健康个性品质的形成,从而形成个体的独特性。

4. 班级活动是帮助学生适应生活、适应社会的一条重要途径

班级是一个小社会,是学生发展成为社会人的重要环境。班级活动是一个班的全体成员参加的集体教育实践活动,是学生认识客观世界、认识他人与自我、适应学校生活与社会生活的重要途径。一个良好的班级,对学生的社会化起着重要的促进作用。班级活动能为学生提供提高"做事"能力、学习"做人"之道、获得"价值"启蒙的场所和机会,推动个体社会化,为学生今后进入社会奠定基础。

二、班级活动的特点

一次成功的班级活动,就好比一篇优秀的散文。它的内容广泛,

形式多样,方法灵活,教育总目标是它的"神",活动内容与形式是它的"形"。要把一次次课外活动变成一篇篇精美的散文,必须掌握班级活动的几个主要特点:

1. 活动主体的差异性

班级活动的主体是学生。学生的性格、志趣、爱好、智能等各不相同:有的性格外向、开朗、活泼、善交际;有的性格内向、孤僻、沉静、好独处。有的学业成绩好,但缺乏文艺、体育方面的特长;有的学业成绩差,却有体育禀赋与文艺才能。班主任要善于发现每个学生身上的"闪光点",并根据学生的个性差异,因材施教,充分挖掘每个学生的潜能,充分发挥每个学生的特长。

2. 活动参与的自愿性

课堂教学受教学计划和课程标准的制约;学生必须按要求学习规定的必修课,不能任意选择。而班级活动则完全由学生根据自己的兴趣与爱好自由选择、自愿参加,教师只能加以诱导而不能强迫。如果学生对某项活动不感兴趣,一味强求是难以调动学生主动性与积极性的,也是不利于培养学生个性与发展学生特长的。

3. 活动内容的广泛性

班级活动的内容十分丰富,可以组织各种科学兴趣小组,搞科技小发明,举办科技讲座,参观科技展览,培养学生讲科学、学科学、爱科学的兴趣;可以开展各种文艺活动,培养学生的审美能力和创造美的能力;可以开展各种体育活动,培养学生坚韧的性格和顽强的毅力,掌握各种运动技巧;等等。学生完全可以根据自己的选择,在丰富多彩的活动中,找到自己合适的位置,各显其能,各长其善。

4. 活动形式的灵活性

班级活动的规模可大可小,形式灵活多样。从组织的规模看,有全班、全年级乃至全校性的群众性活动;有各种小组的活动,也可以是个人的活动。从具体的活动方式看,可根据学生的年龄特征、知识水平、设备条件以及指导力量等,采用多种多样的形式:可以做模型,采标本,搞社会调查,办各种展览;也可以举办演讲、书评、讲座、报告会等。

5. 活动方法的独立性

班级活动一般由学生自己动手，角色意识很强，教师只能指导而不能包办代替。让学生自己组织、自己设计、自己操作，有利于培养学生的组织能力和创造能力。学生通过独立的活动，向众人展示自己的能力、成就，能使其获得心理上的满足，进一步增强信心，积极性、创造性得到更充分的发挥。

三、班级活动的类型

1. 政治性活动

政治性活动是指以思想品德教育和行为规范训练为主要内容的班级活动。政治性活动经常通过班会、团队活动、传统教育活动以及学先进、树新风活动等，使学生受到政治思想教育和社会公德教育，养成良好的行为习惯。班会是班主任为加强班集体建设而召开的一般性班级会议或捕捉教育时机、为组织学生辨明事理而召开的主题性班级会议。团队活动则是为加强团队组织建设，宣传某种思想、某个观点或学习某种精神，通过共青团、少先队组织而开展的集体活动。班主任、辅导员要准确掌握其性质和特点，充分发挥各自的教育作用。

2. 知识性活动

知识性活动是指以培养学生对基础学科的兴趣、扩展并运用学科知识、加强技能和智能训练为主要内容的班级活动。知识性活动主要是通过组织课外兴趣小组、举行班级知识竞赛、学习操作电脑及教学仪器等各项活动，吸引广大学生积极参与。各项活动都要体现知识性与趣味性相结合，使班级活动成为开阔学生知识视野、提高学生智力水平、发展学生能力特长的摇篮。

3. 娱乐性活动

娱乐性活动是指以培养学生在文艺、体育方面的兴趣、技能为主要内容的班级活动。娱乐性活动通过组织演唱会、艺术品欣赏等活动，培养学生健康的审美情趣，形成高雅的情操，发展学生对艺术的爱好与特长；通过开展田径、球类、棋类等体育竞赛活动，使学生养成自觉锻炼的习惯,不断增强体质。

4. 实践性活动

社会实践活动旨在沟通学校、社会、家庭之间的联系,把学校教育同社会教育紧密结合起来,进而提高学生的社会实践能力。实践性活动通过组织学生参观访问、实地考察、写调查报告,以及参加公益劳动和社会服务等活动,引导学生接触公众,了解社会,认识社会主义制度的优越性,增强热爱劳动人民的感情和社会责任感。

案例

"融入新集体"主题班会

第一环节——登上青春舞台

活动目的:增进学生之间的了解,增强新集体成员间的情感交流。

活动设计:

(1)猜猜他是谁?

让全班同学把自己在童年、少年时期的照片各选一张,将这些照片的顺序打乱后在实物投影上展示或做成幻灯,以抢答或小组竞答的方式请大家猜猜他是谁?以活跃班级气氛,消除大家的紧张、陌生感,拉近彼此距离(教师也可以把自己的照片掺杂在其中)。

(2)猜猜我是谁?

提前让大家准备,把自己的名字编成谜语,或把本人的主要特征写在卡片上,由主持人提问:猜猜我是谁?(难度比上一活动大,可以用选择题的方式,提供一些姓名,让同学自己判断选择)

第二环节——聆听成长心声

活动目的:了解学生特点、发现学生特长、展示学生个性。

活动设计：

(1)提前让同学准备一份个人资料。

设计一张精致的个人资料卡片，内容包括：

姓名　性别　生日　毕业学校　承担任务　家庭住址　电话　我的自画像　同学眼中的我　家长眼中的我　我的特长与爱好　我理想中的新集体　我理想中的新老师

(2)小组交流。

小组交流后推荐一个代表到班级交流。

(3)会后将同学的卡片贴在墙报或板报上，便于同学相互交流，增进了解。

第三环节——奏响生命旋律

活动目的：活跃班级氛围，让学生在音乐中憧憬新的集体生活。

活动设计：

(1)歌曲或表演。

多媒体播放《童年》MTV。

(2)回忆童年趣事。

说说自己童年时印象最深或最有趣的事。

(3)畅想明天。

在音乐背景中畅谈自己对新集体的美好憧憬。

第四环节——扬起理想之帆

活动目的：将自己对未来的理想融入集体与现实之中，脚踏实地去实现自己的理想。

活动设计：将自己对初中三年设定的理想与对班集体的祝愿写在彩色纸中，折成小船或千纸鹤，串在教室中，同时也点缀在今后初中三年生活中的每一天。

结束：MTV《光阴的故事》(引导学生珍惜生活中的每一天)。

这次主题班会从学生的特点和实际情况出发，以增进学生相互了解为目的，主题明确，并创造性地开展了丰富多彩的班级活动,充分发挥了班级的教育功能。这一系列班级活动能够对学生形成一种令人振奋的刺激,使学生感受到班集体的温暖,很快融入新的环境之中,从而调动他们的学习积极性、主动性和创造性,为下一系列的班级活动做好了准备。

第二节 班级活动设计

一、班级活动设计的原则

班级活动是班集体形成的基础。开展班级活动有利于培养学生良好的品德,发展学生的个性特长,锻炼意志品质,培养良好的行为习惯。在设计班级活动时,应遵循以下几个原则:

1. 教育性和目的性原则

班级活动的教育意义是多方面的,它可以是提高学生思想道德水平的,可以是开发智力的,可以是提高实际操作能力的,可以是增强审美情趣或强身健体的。设计班级活动必须有明确的主题和目标,有了明确的活动目的,才能避免活动的盲目性,充分体现活动的意义和价值。但同时也要兼顾活动内容的综合性,不能机械地割裂开来。好的班级活动应发挥教育的综合功能。因此,在制定班级活动目标时,应寓教于谐,寓教于乐,最大限度地发挥班级活动的教育作用。

2. 主体性和能动性原则

班级活动的真正目的是让全体学生动起来,让班级的组织机构动起来。活动中班主任只应做指导,绝不可包办代替。学生只有在亲自做的过程中,才会获得深刻的感受和体验。在活动内容上,要尊重学生的现实需要和兴趣,给他们较多的选择机会;在活动过程中,要尊重学生独特的思维方式和活动方式,给他们较多的自由,让他们自主地、独立地活动。

教育主体性主要体现在活动内容上。如以"我为节能减排出份力"为主题,在社区宣传环保知识,会增强学生和居民的绿色环保意识;组织"电脑与人脑"讲座,展开讨论疏导,会使沉迷于电脑游戏、忽视学习的学生改变不良习惯;开展评选"爱心大使"活动,夸奖给他人送温暖的言行,会培养学生的爱心;开展"祖国,力量的源泉"演讲赛、娱乐性的"笑话大赛"、动手自理的"野炊"、增强体力的"跳绳比赛"等活动,都能从不同侧面使学生受到教育。

3. 时代性和生活性原则

要让学生感受时代的脉搏,就要选择有时代感的班级活动主题,选择和学生学习、生活密切联系的内容,激发学生的兴趣,吸引学生参与。

4. 多样性和趣味性原则

班级活动要达到理想的教育目的,就必须注意活动内容、形式、组织方式的多样性和趣味性。

(1) 活动内容的丰富性

开展班级活动要兼顾学生德、智、体、美、劳各方面的素质,使活动既有教育性,又有趣味性。如一个班级在制定活动计划时,主线是"通过活动促进学生全面发展"。具体安排上既有思想教育方面的"一日常规我知道"、"集体在我心中"活动,又有学习方面的"智力竞赛"活动;既有发展体能的"乒乓球比赛"活动,又有图文并茂的"手抄报汇展",还有"科技小制作"班会。活动内容多样化,使不同程度的学生都有施展才干的机会,获得成功的心理体验。

(2) 活动形式的新颖性

班级活动形式要丰富多彩,变化新奇。学生年龄越小,形式上越需要生动形象、艺术有趣;随着学生年龄的增长,活动中静的、理性化的内容与形式可逐渐增加。活动的形式多样生动,对于教育效果至关重要。班主任应根据教育的主题、本地本校本班的实际情况,选用恰当的班级活动类型和形式,以求获得最佳的效果。

(3) 活动组织方式的多样化

除了集体活动,还可以采用小组活动、社团活动,甚至是三五个人自由结合的活动。活动的内容丰富,形式新颖,能给学生以新奇、好玩的感觉,这就已经是活动成功的一半了。班主任应兼顾学生的兴趣、爱好和发展需要,让活动更有实效。

5.简便性和操作性原则

开展班级活动要注意它的简便性和易操作性。

(1)注意班级活动的规模

从规模上看,有日常的活动,也有主题突出的活动。日常活动基本上是每天要进行的,因此要短、小、实。短,即时间短,一般三五分钟;小,即解决小问题,或针对班里的情况一事一议,或对一种行为展开评价,或背诵一首古诗,或表扬一个学生;实,即解决问题要实际,一次集中解决一个问题,不面面俱到。形式上也要保证实效,可以采取全班、小组、同桌活动几种形式。

(2)注意活动的频率

一学期里,班级主题活动的次数不能过多,也不能没有。活动过多,学生花很大精力在活动上,必然会影响学习,一些人会静不下心来学习。活动过少,学生会感到枯燥、乏味,滋生的一些不良思想苗头得不到有效控制,班主任会疲于应付偶发事件。至于活动多少为宜,要依据具体情况具体分析。

(3)班级日常活动要形成自动化操作

如上操、查卫生、主持"每日一说"、读"班级光荣簿"等,每天有专人负责,在固定时间进行,操作就简单了。每一次大的班级活动,事前要制定详细的方案,谁主持、谁发言、谁表演、谁记录、谁总结都要事先安排。这样,操作起来才能有条不紊,顺利进行。

根据上述原则,在进行班级活动设计、选择班级活动形式时要注意:

①活动内容决定活动形式;②"因地制宜"决定活动形式;③依据本班学生的年龄特点和其他实际情况来选择决定活动的形式;④依据班主任自身的特长与优势来选择、决定活动的形式。

> 参考

常见班级活动组织管理的要点

1. 班务会的组织：组织班务会应注意的事项

(1)发扬民主，信任学生。应抱着充分信任学生尤其是相信班干部能力的态度，不要事必躬亲。

(2)在班务评选会上，应把握舆论导向，避免学生选举评比工作中出现盲目性。

①学生容易凭个人情感、同学之间的关系、平时批评自己的次数多少来选评先进，而不能从班级集体的利益来全面衡量。

②对一些敢于负责、工作积极的班干部，班主任应保护他们的工作热情。在班务评选会上，应适时介绍他们的成绩和优点。

2. 周会的组织：组织周会的具体做法

(1)在召开周会前要做好充分准备，主要是使讲话内容实事求是。一周的学生思想品德状况要有记录，做到有案可查。在班级建立班务日记、好人好事登记簿，以利于及时查考。

(2)事先要明确分工。纪律、卫生、文体各部门都要有专人负责，专人总结。

(3)周会可以由班主任主持，也可以由班干部轮流总结。

(4)周会后要依靠班干部及有关教师，结合日常教育和教学工作具体落实，并进行必要的监督检查。

(5)每次周会内容应作记录。

3. 晨会的组织：晨会的特点

(1)针对性。晨会谈话要少而精，内容要有针对性。针对学生的一些不良行为习惯进行教育，往往能收到较好的效果。

(2)及时性。晨会能及时发现、解决学生之间的矛盾，并使全体学生及时得到教育。

(3)灵活性。晨会可用谈话式、表扬批评式、示范式、唱歌式等多种形式来开展，批评要贯彻说理教育为主的原则。

4. 主题班会的组织：主题班会的特点

(1)主题鲜明突出，针对性强，有吸引力。

(2)内容丰富，形式多样，生动活泼，学生喜闻乐见。

(3)愿意参加活动的学生多，群众性强。

(4)有利于培养学生的思想品德，有教育性，并能充分发挥班级中学生的兴趣爱好与特长，增进其智慧、才干等。

5. 节日纪念活动的组织

(1)主题要鲜明，有针对性。

①学生组织节日、纪念日要有鲜明的主题，要针对学生的思想选材。

②节日、纪念日大多具有丰富的历史内容。但同一个节日、纪念日，对年龄不同的学生、对实际情况不同的年级，活动的内容要有所侧重。

(2)内容要有知识性。在组织活动时，必须考虑学生好奇心强、善于幻想、接受新鲜事物快、渴望认识生活及认识周围世界的特点，通过节日、纪念日活动，帮助他们开阔眼界，增长知识。

(3)活动要有趣味性。枯燥的知识、乏味的说教不仅打动不了学生，反而会使他们感到索然无味。

二、设计班级活动的选题策略

1. 班级活动的选题程序

活动的选题是最初的也是最重要的工作之一。活动的题目选不好，活动就难以搞好。选题需要经过三个层次的工作：

(1)班主任充分思考

班主任对每项要组织的活动都要事先做到心中有数。班主任的选题设想要注意几个方向：一是注意班集体奋斗目标和班集体建设计划，是否适合当前班集体建设内容的需要；二是注意班集体的现实情况，是否有急需解决的热点问题；三是注意学校教育计划和教育活动安排。这几个方面是提出班级活动选题的重要依据。有不少班主任,早在学期之初,就已胸有成竹,对每个阶段的活动都有了安排。但此时,也还需重新审度一番,看看原来的设想与当前形势是否完全适合。如有不合拍之处,需做些必要的调整。

(2)班委会充分讨论

班主任可以把自己的设想讲给班委会成员听,也可以先引导班委会进行酝酿。特别要引导班委们考虑几个方面的参照情况。要允许学生提出独立的见解,在大家畅所欲言的基础上进行归纳。大致内容确定之后,可以初步商量活动如何进行。

(3)由班委会向全班同学征求意见

活动的选题要采取个别交谈或开小型座谈会方式征求意见,对同学们反馈的信息,要认真收集、整理,作为组织活动的重要参考。有些活动还可征求任课教师、校领导以及部分家长的意见。

2. 班级活动主题的选择

活动主题的内容,可以从以下几个方面考虑:

(1)从重大的节日中选择活动主题

在一年三百六十五天中,有许多节日和纪念日,它是我们设计和开展班级活动的重要机会。从重大的节日中选择活动的素材,既表示对节日、纪念日的祝贺,又达到了教育和锻炼的双重目的。

爱国主义教育是学校德育的核心和灵魂,青少年时期是进行爱国主义教育的最佳时机。为此,以建党、建国为契机,开展故事演讲、知识竞赛等活动,可以有的放矢地对学生进行爱国主义教育,帮助学生了解祖国建设的新成就,进一步明白没有共产党就没有广大人民的幸福生活;3月5日,开展"雷锋精神代代传"活动;在清明节前后,开展"寻找先烈足迹"、"追忆祖先伟业"等活动,对学生进行革命传统教育;在五一劳动节开展热爱劳动、尊重劳动人民的教育;在妇女节、重阳节期间开展"我爱妈妈"、"祝福老人"等情感活动……通过开展丰富多彩、各具特色的活动,让学生在活动中增长知识、陶冶情操、接受教育。

(2)从班级学生实际中挖掘活动素材

现在的学生绝大多数为独生子女,他们的生活沉浸在爱的世界里,习惯了被关心、被呵护,可谓父母的掌上明珠、家中的小太阳。但他们的劳动观念淡薄,缺少互爱精神,对别人、集体的事漠不关心;缺乏平等、公正的意识,对损害别人利益的事无动于衷,心中有的只是自己的利益,至于理想、信念、人生观就更别谈了。

针对青少年的个性弱点,一方面,可以通过班级活动帮助学生培养良好的意志品格,帮助他们树立远大理想、人生观和教育观。另一方面,强化中小学生日常行为规范和学生心理健康的教育,使学生掌握一般的生活常识,独立处理日常发生的一般性问题,应付一些突发事件,解决一些力所能及的困难。同时,紧紧结合全国少工委提出的"五自"(自理、自学、自律、自护、自强)教育要求,开展评选"劳动实践小能手"、"关爱他人的小标兵"等一系列活动,有效地提高学生的生活自理能力,养成较好的劳动习惯,增强明辨是非的能力。

(3) 从学校中心工作中提炼活动内容

学校每年、每月、每周都要布置中心工作,学校的中心工作是每个班主任开展班级活动的核心与指南。班级活动的内容应随全校性的活动进程而变化,与全校的工作保持一致。这样,有利于增强学生的大局意识,有利于提高学生的团队精神,有利于增强班集体的凝聚力,使班集体逐步走向成熟。

参考

班级活动选题的艺术

1. 主题要恰当

活动主题的确定,主要应讲究"新"与"实"。所谓"新",就是要根据新的形势、新的任务,结合"最新信息"、热门话题,将聚焦对准热点,从而确定活动主题。这样做,容易激发学生的兴趣,增强活动的吸引力。如,举办"周末新闻发布会",让学生利用周末时间,对从报纸、广播、电视中看到、听到的社会新闻、国际新闻进行综合述评,锻炼学生的分析、综合及表达能力;通过"中国人民银行对市场经济的宏观调控"的讨论会,让学生各抒己见;运用"跳蚤市场交易会",让学生进行图书、生活小百货、玩具的交易活动,由学生自己充当物价员、公证员、经纪人,亲自品尝参加经济实践活动的滋味;再如,"为中国航天加油"的演讲活动,都具有一定的新意。所谓"实",就是要因时制宜、因地制宜,结合学生思想实际,针对学生年龄特点开展活动,这样做,能让学生感到实在、实用、实惠,从而调动学生参加活动的积极性。要有计划但不囿于计划,不能为活动而活动,否则,"隔靴搔痒"是解决不了任何问题的。

2. 标题要醒目

好的活动标题,首先要求充满生活气息,如"十六岁的花季——生日晚会"、"校花朵朵——中学女子健美操比赛"、"青春之歌——校园歌手演唱会"。其次,要能反映活动的主题,如展示学生课外小制作、小发明成果的"小发明专利发布会";旨在沟通学生与教师、学生与家长情感的"说句心里话"征文活动。再次,要简练、醒目、易记,如"路在脚下"的远足活动,"开卷有益"的读书交流活动,"更高、更强、更快"的微型奥林匹克赛等。

案例

新年贺卡
—— 寻常活动中寻找教育的契机

李英屏

新年后就要期末考试了,我真希望通过这次考试来扭转落后的面貌。可是,学生的复习情况并不乐观,他们的兴奋点却是准备贺卡、筹备新年联欢……这不,我拿着一摞复习试卷正向教室走去,迎面就碰上了几位老师向我开了炮:"一大早,你们班就不务正业,忙着送贺卡,一点儿学习的气氛都没有!"听后,我真是又急又气,加快了脚步。教室里果然热闹异常,学生们三三两两地围在一起,正欣赏彼此准备互送的新年礼物——贺年卡,一片欢声笑语……此时,我的心中一阵愤怒:快考试了,这种状态能上好复习课吗?心里想:就得把贺卡没收,看谁还送!

很多同学看到我,马上回到自己的座位上,匆匆将贺年卡放进书包里,眼睛都盯着我。教室里静下来。我平静地走到讲台前,理智让我打消了没收贺卡的念头、批评教育的想法,微笑着说:"咱们上课吧!"教室里鸦雀无声,准备好挨批评的同学,此时不由得面面相觑。

下课后,我未出教室,走到同学中间说:"你们的贺卡我看看行吗?"一些同学走上前,把贺卡放在我的手上。他们脸上分明写着疑惑:不就是没收嘛!我随手拿起一张卡,这张卡片里面夹着一串小铃铛,就说:"真好玩,我上小学的时候,可没有这么漂亮的贺卡。"我又拿出另一张,打开一看,里面有一句赠言,看来是花了一番心思:"赠小琴:让新年带给你好运和快乐,祝学习进步。""真好,老师看出了你们俩真挚的友谊。"我扫了一眼坐在位子上写贺卡的那位学生,她的脸蛋红红的,低着头不语。此时,我感到拿在手中的不仅仅是几张贺卡,而是学生们一颗颗纯真的童心:难道我不应该尊重学生们的情感,去呵护那颗颗童心吗?

我继续说下去:"薄薄的卡片代表了一种情谊,真挚的话语写满同学间的祝福,互送贺卡是一种礼节,更是情感的交流,我并不反对。但是大家都知道,期末考试就要来临,相信大家都想取得满意的成绩。那么,怎样处理好学习和新年活动的关系呢?"话音刚落,顷刻间,教室里叽叽喳喳热闹起来。这个说:"老师,我知道了,送贺卡可以,但是要在课余送。"那个说:"我们不应该为送贺卡影响学习。"……

听着这一切,我还能说什么呢?我把手里的贺卡还给了孩子们,并补充了一句:"好好珍惜同学间的这份友情吧!在新年到来之际,得到别人的祝福也许是最好的礼物,其实为别人写几句精彩的赠言也是一门学问。这样吧,我建议今天中午交流一下大家的赠语,看谁写得最感人、最有创意,好吗?大家再想想,还有什么更好的方式来纪念六年的同学情,去度过一个更有意义的元旦,为我们六年的小学生活留下美好的记忆,画上一个圆满的句号。"

中午饭后,"新年活动诸葛亮会"在班干部的主持下开得十分热闹。作为班主任,我没有参加,我觉得应该给学生留一个自由的空间,让他们畅所欲言。会后,班长兴致勃勃地找到我,汇报了同学们谈论的结果。同学们想在元旦联欢会上设置一个赠卡的活动,还提出在期末复习阶段以小队为单位开展学习互助活动……听后,我异常高兴。

元旦联欢会开得非常活跃、尽兴。联欢会即将结束前,终于到了互送贺卡的环节。教室里热闹起来,同学们互相赠送贺卡,交换着祝福,我巡视其间分享着他们的快乐。在众多的贺卡中,我惊喜地发现了很多"特殊的"贺卡,如"学习上有困难别忍着,找我这个朋友,好吗?""怎么样?接受我的挑战吗?努力吧,看谁是这次考试的冠军!"有的则在祝福后还附言:"请于某某时间来我家,我给你补课"……

我走到教室前面,微笑着对学生说:"这个环节是全体同学共同提议决定的,作为班主任自然也是班级中的一员,互送贺卡自然不能少了我。新年将临,我也想用贺卡为大家送去祝福,希望大家来年有新的进步,更加快乐、健康地成长!"

我将事先自制的50张写满不同寄语的彩色卡片,递到每个学生手中,大家鼓起掌来,他们如获至宝,激动地捧在手中认真地读着,从他们的脸上我看到了喜悦,看到了感动,片刻,教室里又响起了热烈的掌声……

元旦过去了,我和同学们共同迎来了新的一年,也迎来了期末考试,学生们又送给了我一份更让我快乐的礼物——满意的成绩。

【分析】

没有活动就没有教育。学生在活动中能够正确认识个人与集体、自己与他人的关系,以及在集体中承担相应的责任和义务,形成集体主义观念。集体活动可以为学生提供展示自己才华的舞台,是形成正确舆论的保证,有利于班级奋斗目标的实现,有利于增强班级凝聚力。

开展好丰富多彩、为学生所喜闻乐见的活动,既是班主任的职责,又是班主任专业素养的体现。班级活动的水平,标志着班主任的专业水平,班级活动也是班主任专业发展的一个广阔的舞台。

下面仅就班级活动的方法创新介绍一些范例。少儿教育专家张光翱教授归纳了不少活动的创新方法:

1. 故事会演变法

创新是从模仿开始的。首先,小学生开了一个童话故事会;第二次,他们锦上添花开了一个化妆故事会,形象、有趣;第三次又作了改进,开了"半个故事会",故事只讲一半,精彩处戛然而止。欲知后事如何?可去借阅那本书,故事会就成了好书推荐会。

2. 名字联想法

联想是创新的思维方式。孩子们的名字寄予了长辈的殷切期望,比如振东、光华、国强、红宇、学伟……以名为起点联想,颇有意义;由名联想到姓,按姓分成小队,搜集古今同姓名人事迹,又举办一个"我们家族名人多"活动。

3. 献花出巧法

分析法可以细中出巧,创新就在其中。一个班的同学去烈士陵园献花,在准备过程中,老师问:大家献什么样的花?同学们纷纷说出常见的花束、花圈、花篮、花环等。有同学进一步分解:能不能把花扎在周围的松柏树上,于是变成了花树、花墙等,这就是创新。

4. 清晨采访法

打破思维定式,突出求异性。冬天,迟到同学较多,其中不乏离不开"热被窝"的。班委会决定去访问公交车司机、环卫工人、早点部职工和交警叔叔,形象具体地了解他们在清晨6点钟,早早走上为人民服务岗位,辛勤地为大家服务的情况。

5. 横纵延伸法

确立活动主题后,从横向、纵向深入挖掘,会出现不少新内容、新方法。一个中学生班级开展搜集民间儿歌、民歌来歌颂改革开放的活动,同学们十分活跃,收获很大。同学们又提议延伸活动:搜集控诉旧社会的儿歌、民歌;请专家讲儿歌、民歌的知识;将搜集的各类民歌、儿歌编辑成集;开展创新儿歌活动。一个主题,多种收获。

6. 系列活动法

活动成系列,既是深化,又是创新。一个班级开展感恩教育,第一次活动,让同学回忆妈妈对自己的关怀、怜爱,生发感恩之情;第二次活动,调查妈妈在工作岗位上的表现、优秀事迹,让孩子懂得妈妈不仅爱孩子,还爱工厂、爱学校、爱医院、爱人民、爱社会主义事业;第三次活动,又去了解班里几位妈妈少年入队、青年入团、中年入党的光荣经历,为同学们树立了成长榜样。三个活动,一个系列,步步深入,深化了教育主题。

7. 灵感出新法

老师的敏感有时也为创新提供了不少方法:一个老师大年除夕去派出所办事,与所长交谈时,发现他已经第七年不能和家人吃年夜团圆饭了。老师想到所长为了执勤巡逻,牺牲了个人利益,这不是"人民利益高于一切"的生动教材吗?她又联想,除夕夜为人民服务的何止一个所长呢?于是她组织同学们年夜慰问活动,一起执勤、值班活动,又把它作为队礼教育的生动教材。

李英屏老师的案例《新年贺卡》写了新年前,同学们喜迎佳节,互赠贺卡,可能与元旦后期末大考发生冲突。李老师反思了过去"没收"贺卡的做法,决计改弦更张,满足同学们的感情需求,顺水推舟地搞了赠言比赛、征求意见、搞好联欢、专时赠卡、老师送卡等活动环节,既没挫伤同学们求欢求友的积极性,又引导学生在新年祝福中,互相帮助,彼此鼓励,调动了学习积极性,结果考试取得了出奇的好成绩。事情往往就是这样,当你送给孩子一片绿叶,学生还给你的是一片森林;当你给学生一种信任,学生会还给你一个奇迹。

教育活动如此一举两得,一是李老师端正了教育观念;二是李老师的教育方法得当。她能尊重学生,信任学生,依靠学生,因势利导,让学生参与,反映了一个优秀班主任的专业素养,值得我们思考、借鉴。

参考

班级活动的新法宝
——数码相机

  翻开家里珍藏的影集,一个一个成长的足迹便清晰地显示出来。但你是否发现丰富多彩的相册中出现最少的是学校的生活,因为家长无法扑捉到那里的镜头,最能反映学生时代影象的也就是几张集体游玩合影或者毕业合影。你可能找不到一张你当年在课堂读书的照片、找不到一个你与班主任单独合影的镜头,我们只能任那些学生时代美好的记忆随风而逝。随着数码时代的到来,让每一个日子永远地留在记忆中便成为可能。自从有了数码相机,我的眼睛便学会了发现。每周班会上的内容也不再是枯燥的说教,而是镜头回放、情景再现,同学们对这种方式都很欢迎。

  第一类镜头:细节再现——用镜头把学生平时忽略了的小节呈现出来,让学生自己感受。教室里同学带来的鲜花开得正旺,但墙角几盆枯死的花草似乎被人早已遗忘。我告诉学生,养花也是一种对生命的责任,既然是你养的花,你就要时刻关心它,让它的生命如你一样灿烂。

  从讲台处取景,教室的桌椅摆放得整齐划一,地面一尘不染,洁净光亮。而换个角度拍摄,展示在学生们面前的抽屉肚里,有凌乱的书籍、各种废纸团,还有美味的零食,这下,学生们坐不住了,纷纷把手伸进自己的抽屉。我说:"下周,我还会把大家的抽屉拍下来。"一周后,学生的抽屉便再也找不到一张废纸片。

做操时,总有几个孩子会偷懒,动作不到位,夹杂在队伍里显得很突出。我也请他们看自己做操时的形象,真是百闻不如一见,下次做操时他们的腰杆自然挺直了许多。

第二类镜头:精彩再现——用镜头把学生真实生活的每个过程呈现出来,让父母一同分享。

学生的生活是真实的、学校生活是快乐的,而家长对孩子了解最多的是分数,似乎看到分数就能了解孩子成长的一切。新年到来的时候,如果你能参加这样一个家长会,你会有何感想呢?走进教室,老师把孩子劳动时的认真、运动时的拼搏、春游时的疯狂、读书时的宁静、思考时的专注、获奖时的甜蜜都一一用图片呈现出来,让家长与孩子一同分享校园生活的甜蜜。每张孩子图片上还送上老师对孩子的祝愿:

No.1 喜欢看见你求知的眼神,欣赏你不屈的品质,相信你会在生活的磨练中更自主,更坚强!

No.2 不要在天冷的时候只穿一件毛衣,单薄的你看了让人心疼。好好地照顾自己,其实你的周围有很多人关心你,聪明的你在新的一年会让大家刮目相看吧?!

No.3 你的好胜是因为你有强烈的上进心,对集体强烈的责任感。谢谢你对班级的付出!相信以后你一定会一如既往地带领大家走向新的辉煌!

No.4 你是男生中的男生,浑身上下一股男子汉气概。我期待着你的英语像你的身体一样棒!

No.5 你的心思比起你的外表来可要细致得多,文采不错!不过有时也会像男孩子一样浑水摸鱼。有没有一种感觉:你的生活越来越阳光了!

No.6 为了班级你付出许多精力和时间!谢谢你!你是一个敏感的、极有自尊的女孩。对目标的渴望常常让你忧郁不安。多注重过程,自然会有好的结果!希望你天天快乐!

No.7 喜欢看武打小说的你,说话、做事一身豪气。不过那功夫也是一招一式苦练出来的,你有没有悟到它的精髓呢?

好好努力吧,假小子!

班主任工作的思想要善于创新,要善于把握每一次教育契机,把握每一个教育环节,不放过每一个教育细节。学生的激情需要教师去点燃,但是仅凭枯燥的说教是没有用的,他们需要真实的生活体验,需要不断变化的活动情境,需要教师在工作中不断凝炼出教育智慧,让学生对学校生活的每一天都充满向往。要做到班级活动创新,班主任的思维一定要活跃,不能满足于一成不变的教育模式,要善于捕捉每一个教育契机,并恰当内化为教育的力量;同时,他要能让学生不断地产生惊喜,让班级各项活动有声有色,让人觉得太阳每天都是新的……

第三节 班级管理的任务和内容

一、班级管理工作的内容

一个班集体建立起来之后,即有了班的组织,有了班级集体建设的目标之后,班集体的建设并不是就到此为止了,而仅仅是班集体建设的开始,大量细致的工作还在后面,其中班级日常管理就是每天都必不可少的工作。班级日常管理工作本身就是班集体的建设。

班级日常管理工作都包括哪些内容呢?主要的有如下几方面:

1. 思想品德教育管理

思想品德教育管理是班级日常管理中的首位工作。要时时掌握全班每个学生思想品德的情况,教育学生热爱祖国、热爱中国共产党、热爱社会主义、热爱家乡、热爱劳动和劳动人民、热爱集体,培养学生艰苦奋斗、勤奋学习、勇于为事业创造、勇于为人民献身的精神,教育学生树立高尚的社会主义道德、共产主义道德,培养学生良好的心理品质。思想品德教育要坚持面向全体学生,坚持正确的教育观、学习观,坚持集体教育与个别教育结合,坚持学校、家庭与社会教育结合,坚持正确的教育方法。特别是在改革开放的新时代,要十分注意采取正确的教育方法,教育学生树立正确的人生观、价值观、消费观,帮助和教育学生自觉地抵制资产阶级腐朽思想与生活方式的影响,及时地将学生中出现的消极倾向引导到积极方面来。

2. 学习管理

要教育学生树立正确的学习动机和学习目的,教育学生为祖国努力学习,在全面发展的同时努力发展自己的特长。为搞好学习管理,班主任要树立正确的教育观、教学观、学生观、质量观、人才观,不放弃一个差生,教育学生用自强战胜自卑,用刻苦战胜懒惰,用聪明的脑细胞战胜愚昧的脑细胞,充分调动学生学习的积极性和主动性,遵守学习纪律,教给学生科学的学习方法,使其掌握自学能力,做学习的主人。

3. 团队活动与课外活动管理

少先队、共青团是儿童少年、进步青年的组织,是学生自己教育自己的大学校。班主任要努力帮助团、队干部,热心指导他们结合队员、团员的实际开展有益的教育活动。课外活动是实现课堂学习理论与课外实践结合,巩固知识、发展能力、发展学生特长的广阔天地,班主任要根据书本学习的需要,从学生的兴趣、爱好出发,积极组织多种多样的课外兴趣小组活动,开展音乐、美术、体育、小科技、小制作等活动,让每个学生都在活动之中,都在学习之中,都在发展之中;要帮助他们定活动内容,定活动时间,定辅导、指导教师,并参与他们的活动,在参与中指导,在参与中管理。

4. 班级干部管理

班干部是班主任的左膀右臂,抓好班干部管理,不仅可以促进班级日常管理,而且可以培养、发展一批学生骨干,使他们在班级活动工作中受到锻炼和提高。班级干部管理工作的重点内容是:教育、培养班干部为全班同学服务的思想,树立他们向全班同学学习的思想,而不是站在全班之上,教训同学;教给他们工作方法,其中主要的有调查研究方法、谈心方法、团结同学的方法、组织开展活动的方法等等;教育班干部首先要成为一名全面发展的学生,在思想、学习、纪律、发展特长、团结同学、帮助同学等方面为全班同学作表率;要帮助班干部出主意、想办法、精心指导,努力为班干部创造发挥才能的机会,努力帮助他们树立干部威信,切忌包办代替、指责埋怨,主动为班干部承担责任。

班级工作千头万绪,每天都有许多事情要做,每天也都会有意想不到的事情发生。要学会抓住班级日常管理的主要工作。主要工作抓住了,班级日常管理就会正常运转。

二、班级文化的设计与建设

班级文化是指由班级全体成员通过教育、教学、管理、活动所创建和形成的精神财富、文化氛围以及承载这些精神财富、文化氛围的活动形式和物质形态。它是一种风尚、一种文化传统、一种行为方式,它自觉不自觉地通过一定形式融会到班级同学的学习、生活等各个方面,潜移默化地影响着人们的行为。班主任要和学生一起共同精心策划和营造优雅的班级文化环境,使学生在班级中焕发出良好的精神活力。

案例

心语墙
——班级文化,打造班集体凝聚力

李明娟

推开教室的门,首先映入眼帘的是迎面墙上一道美丽的彩虹,每一条色彩上都贴着一张张精美的便笺。走近去看,每张小纸上都有一个美丽的故事,这,就是我们的"心语墙"。

提起"心语墙",还得从一次班委改选说起。改选时间是初二开学我接班后的一个月,候选人由我和学生提名产生,采用不记名投票的方式进行。出乎我意料的是:选举的过程远没有我想象的热烈,15名候选人得票很分散,弃权票很多,而且有两名在班上学习成绩名列前茅,也有一定工作能力的同学,只得到了区区几票。根据我多年的班主任工作经验,这是班集体缺乏凝聚力的体现。

问题到底出在哪里？我与候选人和同学作了沟通，结果更出乎意料，那两名有能力但落选的学生并没有表现出太大的失望，他们认为自己足够优秀，没得到广泛认可，可能是因为妒忌。然而大多数同学认为能够让大家心服口服的同学不多，一些候选人很多地方还不如自己。

谈话结束后，我一直在思考：这些孩子一生下来就是家庭的中心，过多的赞美和宠爱使他们养成了唯我独尊的品性。他们渴望得到关爱，却不懂得关爱别人，既不懂得去欣赏别人，更不愿意去学习别人的优点。这样的孩子长大后，将怎么融入社会，实现人生价值啊？沉思多时，我想起罗丹说过的一句话："世界上不是缺少美，而是缺少发现的眼睛。"对，就从这启发"发现"开始吧。

第二天早晨，我早早来到教室，带领新当选的班委把教室迎面的墙壁布置成了一道七色彩虹。彩虹中央有一只漂亮的小船，上面写道："每天早晨，老师心中都很快乐。因为我发现很多同学，在为集体默默地奉献，我要把这些美丽的瞬间写下来，贴在这面美丽的墙上，激励我们每一个人，让我们的班级变得美丽起来。"连续几天，看到为班级做好事的同学，我写上："高雅，看到你在同学们做操走后轻轻带上教室的门，就像关好自己家的门一样，老师能感觉出你对班级的感情。希望你永远保持这份美好的情感。"发现学习成绩有进步的同学，我写上："你的进步老师已经看到，相信你不会停下前进的脚步。"我亲手在彩虹纸上贴上一张，二张，三张……虽然书写小纸条成为我一项快乐的负担，但是看到学生们越来越被这面漂亮的墙壁所吸引，很多同学每天早晨走进教室的第一件事，就是兴致盎然地仔细阅读上面的文字。有期待，有兴奋，有喜悦，有的被它触动，就连那两名落选同学也若有所思。我感到号召学生们一起来继续这件事情的时机到了，于是召开了班会。

在班会上，我让学生们朗读了所有的纸条，然后大家选出了五位榜上有名的同学,请他们讲述自己为什么这样做。激动使他们语无伦次,下面的同学吃吃地笑着,眼神中充满了鼓励。每位同学讲完,我都要求他本组的同学谈谈自己的感想。大多数学生提出了赞扬,也有很多同学表示要向他们学习,赞美别人和被人赞美的同学似乎都体验到一种从没有过的感觉。

气氛是如此的和谐,我也深受感动。于是,我又讲起了《史记·晏子列传》中的一个故事:晏子五短身材,其貌不扬。可是他有一个车夫,却长得很帅,这个车夫很得意。有一天,车夫回到家看到自己的老婆正在收拾东西要回娘家,车夫很吃惊。他老婆说:"像人家晏婴那样身负治世之才,却如此谦恭,坐在车里毫不张扬。你一个车夫,却趾高气扬!你整天跟晏子这样的人在一起,却不能从他身上学到一点东西来反省自己,是什么蒙住了你的双眼?因而和你一起生活我觉得很绝望。"故事讲完后,看着学生们清澈的目光,我知道他们从中学到了很多。于是我继续说:"正像罗丹说的'世界不是缺少美,而是缺少发现的眼睛',从今天起,我希望同学们能够把自己发现的美好的事情记录下来,贴在彩虹上。让我们用心与心去交流,互相学习,共同进步。所以,我们的彩虹墙就叫——'心语墙'。"

班会过后,学生写的一张张心语贴在墙上。美丽的彩虹上挂上越来越多的不同形状的星星。

一年过去了,我们班当选市级优秀班集体。心语墙上的星星换了一批又一批,直到今天,摘掉的每一颗星都被受到表扬的同学珍藏着。每周的班会也保留了好人好事的讲述,只不过台上的面孔在不断变换。在新当选的班委中,去年落选的两名同学也赫然在列。看到班委们自信的表情和其他学生信任的笑容,我真正体会到了一名教育工作者的最大幸福!

【分析】

"让墙壁说话",这是德育的一种新的意境,"心语墙"又在班级文化建设中增添了一个新的亮点。

班级文化与学校文化一样,是全面育人的不可或缺的重要环节,是展现班主任教育理念、带班特色、治班方略的平台,也是班级德育的重要载体。多种形式的班级活动文化(也称组织文化)、人文的班级物质载体、具有个性的班级精神文化对学生具有潜移默化的影响,发挥着导向、鼓舞和规范作用。大力加强班级文化建设,对于增强班级德育的针对性和实效性,引导青少年树立社会主义荣辱观,努力培育德智体美全面发展的四有新人有十分重要的意义。

班级是师生美好的精神家园,建设班级文化要以学生为主体。师生共同创造物质的、制度的、精神的文化和培养班级精神,建设良好的班风、教风、学风;又共同接受班级文化的滋养,实现共同的发展。班级文化是班级的灵魂,有巨大的教育力量。人创造了文化,文化又反过来塑造人。

教室是学生学习活动的主要场所,教室的布置则是班级物质文化建设的重要环节,要让无形的教育因素孕育在有形的物质之中。如办好墙报、板报、文化装饰、图书角、绿化生态角、卫生角等,班主任都要重视。要使教室变得优美、生动、整洁、高雅,对学生产生直接的感染力和教育力。教育家苏霍姆林斯基说:"无论是种植花草树木,还是悬挂图片标语,或是利用墙报,我们都将从审美的高度深入规划,以便挖掘其潜移默化的育人功能,并最终实现连学校的墙壁也在说话的远大目标。"近几年,大家继承、创新了一些做法,列举如下供大家参考:

(1)班训及奋斗目标是激励师生共同为之奋斗的纽带,目标不要口号化,要具体,能体现班级个性。这是由同学们共同讨论制定的,应把它张贴在教室醒目处。

(2)班级可以自行编辑设计班级快报、卡通画报、班级网站、影视专刊等,它既可倾诉心声、施展才华,又能形成正确舆论。特别要发动同学依托班级传媒,对班级的新人新事、不良倾向予以评论。可快评,可点评,可一事一议,可三言五语,简洁生动。舆论有益于班风的形成。还可利用班级媒体表彰进步突出或事迹突出的"明星",挂照片、写评语,使之成为大家学习的榜样。

（3）设立今日提醒专栏，以体现班级人文关怀。比如，各种活动预报，收交作业、作品的展示，天气变化的提醒，饮食营养的建议，影视书目的推荐，安全防范的警示，学习窍门的介绍，班级各种信息的刊载等。

（4）可在教室一隅设置才艺展台。定期或不定期地收录同学们课余爱好的小制作、优秀作业、作品，从另一角度展现同学们的才华和素养。

以上各项，有时代性和班级个性特色，弥漫着积极进取、奋发向上的气息。班主任在实施时可充分发动学生，发挥大家的聪明才智，按学生特长分工负责。

在班级文化建设中，也应讲科学。考虑到学生年龄特点，在布置设施位置的选择、色调的使用上应多用心，努力创设一个有益于身心的环境并注意减少上课的干扰。

李明娟老师根据干部改选选票分散的现象，发现学生在评价自己与别人时有偏颇。她既没有简单批评指责，也没有一般地说教，而是从班级文化建设入手，建立一个"心语墙"，并率先发表自己对班级同学优长的发现，在"心语墙"上对他们进行激励。当引起全班同学关注时，立即抓住契机，组织召开了班会活动引导大家参与。终于培养了学生发现美的眼睛，让学生学会了欣赏别人、赞美别人，也得到了被别人赞美的体验。李老师的举措凝聚了班级人心，促进了班级和谐，使每个学生都得到了发展。

李老师正面引导的教育方法是高明的。在和谐的审美氛围中，表扬先进、赞美进步、滋养心灵，恰恰体现了李老师对班级文化的理解和建设班级文化的能力。李老师在班级文化建设上的创新精神和科学方法值得我们学习。

第四节 班级管理的基本原则

班级日常管理工作原则，反映着班主任工作的总原则。班主任工作原则是班主任工作规律的反映,是处理班级各种矛盾的基本要求。工作原则决定工作方法,工作方法体现工作原则。认真研究、坚持班主任工作原则是提高班主任素质、能力的重要内容。班主任日常管理原则,主要有如下几点:

1. 面向全体学生,对学生全面负责

"面向全体学生,全面了解学生的思想品德、学习、健康、劳动和生活,对学生全面负责",是班主任工作的一条重要原则。这条原则的提出,是由社会主义教育的性质、目的决定的,是由我国社会主义现代化建设对人才的要求决定的。党的十八大报告明确指出:"要尊重劳动、尊重知识、尊重人才、尊重创造,加快确立人才优先发展战略布局,造就规模宏大、素质优良的人才队伍,推动我国由人才大国迈向人才强国。"而各类优秀人才的培养,只有靠我们广大教育工作者,特别是靠班主任认真坚持"面向全体学生,对学生全面负责"的原则才能实现。当前,在坚持这条原则上存在的主要倾向是:重视少数尖子生,忽视多数学生;五育分离,顾此失彼。全面发展的教育方针要求我们:要面向全体学生,使每一个学生在德智体美劳诸方面都得到全面发展,同时努力发展学生的个性特长。坚持这条原则,关健是转变旧的教育观念,树立正确的学生观、质量观、人才观,对每一个学生的全面发展负责,不丢掉一个差生。

2. 正面教育,启发诱导原则

所谓正面教育,即指教师用自己正确的立场、观点、方法去教育学生,用正面人物和典型形象去感染和激励学生,强调努力调动学生的积极因素,强调教育者本身的示范教育和影响作用,力戒简单粗暴,严禁体罚和变相体罚学生。坚持这条原则,要求班主任必须切实做到摆事实、讲道理,循循善诱,以理服人,启发自觉;坚持以表扬、鼓励为主,以批评、处罚为辅;坚持用学生的积极因素克服学生的消极因素,充分调动学生的积极性和主动性;坚持耐心说服与建立、执行必要的规章制度结合。为此,班主任在班级日常管理中要十分注意克服强制教育、压服教育、粗暴教育、体罚与变相体罚,而施之以正确的教育原则和方法,只有这样才能收到良好的教育效果。

3. 热爱学生，严格要求原则

"热爱、尊重学生，严格要求学生"，既要尊重学生的人格和自尊心，做学生的知心朋友，调动学生的主动性、积极性，又要对学生进行严格的管理教育，把培养学生正确的道德认识同行为训练结合起来，对有缺点、错误的学生，要满腔热情地耐心帮助。

坚持这条原则要努力做到：(1)端正教育思想，热爱每一个学生。不但爱每一个好学生，也爱每一个差学生。正如苏联心理学家、教育家赞科夫所说："当教师必不可少的、甚至几乎是最主要的品质，就是热爱儿童。"(2)正确认识、处理好严格要求与热爱学生的关系。尊重、热爱是严格要求的前提，严格要求是实践对学生的爱。(3)严格要求要合理、明确、具体，并督促学生切实做到。(4)教师严格要求学生，首先要严格要求自己。

4. 从实际出发，有的放矢原则

从实际出发，就是从不同学生的不同思想实际、心理特点与个性差异实际、不同的社会影响与家庭影响实际出发；有的放矢，就是针对不同学生的不同实际进行有针对性的教育，既有针对性地确立教育内容，也有针对性地选择教育方法。

从实际出发，有的放矢，是做好一切工作的原则。"从实际出发"，核心是调查研究每一个学生的社会影响、家庭影响及其所形成的思想、认识、心理、个性实际。要掌握调查了解的正确方法，要加强对马克思主义哲学的学习，学会辩证地看问题。

5. 以身作则，言传身教原则

这条原则的基本内涵是：班主任要严格要求自己，加强道德修养，起到表率作用。

我们常说："有威信的教师的话一句顶十句，没有威信的教师的话十句不顶一句。"这话说的就是身教的巨大教育作用。现在的教育实践中，许多班主任身教与言教脱节，要求学生做到的自己却做不到，这是教育失败的一条重要原因所在。

怎样坚持这条原则？

(1)班主任要加强自身的思想品德修养，严格要求自己的一言一

行,努力实现身教与言教统一;

(2)建立良好的师生关系,奠定身教基础;

(3)讲究工作方法,发挥身教作用,扩大身教效果。

6.集体教育与个别教育相结合原则

这条原则的内涵是:通过开展集体活动,建立正确的集体舆论,培养集体荣誉感、自豪感,形成良好的班风,既教育集体,又教育个人。

这条原则的提出,是由社会主义教育性质、目的、任务决定的,是群众路线在班集体建设中的体现,是学生思想品德形成规律决定的。目前,在坚持这条教育原则中存在的主要问题是:(1)忽视集体舆论、良好班风建设;(2)集体教育活动质量较低,有的活动流于形式;(3)忽视学生良好心理、个性品质的培养。只有注意对这些问题的解决,才能很好地贯彻这条原则。

第五节 班级管理实践中的误区

班主任工作复杂、艰辛、繁忙,需要耐心、细致、认真、负责地付出心血和劳动。然而,精心的劳作,辛劳的汗水,换来的结果却常常事倍功半,收效甚微,甚至事与愿违。具体而言,在我们的班级管理实践中经常会存在以下误区。

一、把对班集体的管理混同于对班级群体的简单化管理

班集体和班级群体是两个有着明显区别的概念。有些班主任认为,只要学生按照相应的学年制度,由学校预设地划归某一个班级的群体之内,就自然形成了班集体。这是一种自然主义观点。在班级发展过程中,它要经历由松散型到合作型、再到紧密型层层推进的过程,但并不是每个班级都自然而然地达到紧密型发展水平,它要有一个科学的管理过程。班级群体只是一个没有任何组织而言的人的集

合。但是班集体则不同,它是包括一定的规章制度和共同的集体意识和目标在内的正式组织。因此,班集体的管理是严格的、缜密的、有着科学规律的,而绝不是简单的班级群体管理。

二、把对班集体的管理简单地等同于抓教学

一些班主任认为班级是由于教学内容传递的需要而使学生走到一起,围绕着教学内容的展开而形成的。学生群体就是一个班集体,班集体因教学而存在,因教学内容程度的变更而解散或重组。班级工作在于搞好教学而不是各种活动的开展,忽视各种活动在学生发展中的价值,也就在观念上逐渐形成了一个教学群体就是一个班集体的认识。我们说教学是学校的中心工作,离开了教学活动班级就失去了存在的理由。但是,教学并不是班级管理的唯一工作。当然,以上认识也是应试教育带来的弊端,班主任只顾抓教学,而忽视从其他方面对学生的管理和教育。

三、把班级管理等同于对学生的强行管制,使学生失去其主体性

这种观点承认班级中存在着人为的建构过程,班级只有通过一定的手段,经过管理才能由无序走向有序,但认为班级的管理是班主任的事务,学生群体处于被管理状态,从而把学生放置在客体的位置上加以考虑,使班级失去了自组织功能,没有考虑学生的主体性。这是一种极其普遍的班级管理误区,它的危害是让学生成为完全的服从者,而不是在管理中充分尊重学生的主体性,发挥其能动性,把其作为合作者来看待。这对学生的人格健全的培育是极其不利的。

四、把班主任作为班级管理的唯一管理者

班主任是班级管理的核心人员,但是并不是唯一人员。在教学活动过程中,学生之间、学生与班主任之间围绕着教学目标进行交往,而一旦基于教学形成班级以后,学生群体就会逐渐形成自组织特征,不断扩展活动范围,不会局限于教学活动本身。但这种活动始终

是以教学活动为主体、以学生的全面发展为目标的。因而,班主任在学生班级发展过程中起着特殊的作用,班主任与学生之间关系如何,特别是班主任对学生的情感与态度,会影响到学生带着相应的情感投入班主任班级管理中,最终制约着学生的学习成绩提高及人格发展。班主任无疑是班级管理的核心。但是任课教师同班主任都有承担管理的职责,那种把班级管理看作班主任的专职而排除其他教师参与的认识是极为片面的。学生的自我管理在班级管理中也非常重要。班级管理是一种"全员管理"。

五、把班级的管理等同于德育教育

我们国家是非常重视学生的德育管理的,德育在学生的成长中也非常重要。德育是班主任班级管理的一个重要组成部分。有人认为,班主任是专职管理人员,其目标在于实现学校的德育目标。班主任工作在形势政策方面起着上传下达的作用,发挥着政治教育的优势功能。班主任重视学生德育是无可厚非的,但是这并不是班主任班级管理工作的全部。德育只是班级管理的一部分,而不是全部。

第五章　学生思想道德教育探讨

随着社会环境的变化,学生的思想道德情感、政治信念、人生观、价值观等都在发生着变化,这对学校的德育工作提出了更高的要求和挑战。加强德育工作,是新的历史时期学校工作的重要任务。《中共中央关于进一步加强和改进中小学德育工作的意见》和《爱国主义教育实施纲要》是中小学德育工作的纲领。在学校德育工作中,班主任承担着极其重要的责任,做好学生的思想道德教育工作,教会学生做人,教会学生学习,教会学生生活,是班主任义不容辞的使命。

第一节　当前中小学德育工作现状及对策

一、中小学德育工作现状

近年来,中小学德育工作受到高度重视,针对性和实效性不断提高。但是,实事求是地说,总体效果还是不尽如人意。主要表现在:

1."德育首位"没有得到真正落实

长期以来,中小学教育中存在着重智轻德的倾向。一些学校领导对德育工作的重要性认识不到位,没有把德育工作真正放在各项工作的首位,"喊起来重要、做起来次要、忙起来不要"的现象依然存在。一些学校缺乏行之有效的方法、措施,德育工作中重活动、轻效果,重课外、轻课内,认为思想教育是课外的事,搞活动往往也是应付差事,流于形式,至于学生受教育程度、教育效果如何,基本无人问津。部分教师重教书、轻育人,只拼命抓教学成绩,忽视学生良好思想道德品质和行为习惯的培养,认为学生的思想品德教育是德育处的事,是班主任的事,与己无关。甚至有人认为,德育工作是软任务,可有可无。种种错误认识严重影响了德育工作的效果。部分学生也只重视文化课学习,忽视思想道德素质的提高和良好行为习惯的养成,致使"德育首位"不能得到真正落实。

2. 学校德育工作滞后,缺乏针对性、实效性

现在的智育评估措施非常具体,操作性很强,执行的过程和步骤也很严格,学生的成绩往往与学校评价、教师奖金、评聘职称等利益直接挂钩;而德育工作的考评在条件、措施、制度等方面都没有一套行之有效的、可操作的量化指标,学校也没把德育工作情况作为评估教职工工作业绩的重要依据。有的学校在制定德育工作计划、措施时不遵循教育规律和学生的认知规律,不分年级高低、不注意学生的个体差异,内容和目标一味求大求全,脱离学生实际,不能根据学生的年龄阶段适时地进行教育,教育的针对性和实效性大大降低。很多学校没能将德育工作融入学校教育教学的各个环节中,没能形成"教书育人,管理育人,服务育人"的立体化德育网络。部分学校德育工作不能完全适应新形势的要求,仍是枯燥说教,方法陈旧单一。有的教师在德育工作中硬的多、软的少、罚的多、奖的少、虚的多、实的少,批评多、表扬少,扣分多、加分少,强迫多、引导少,对后进生态度粗暴,动辄运用训斥、体罚甚至停课手段,致使学生产生消极对抗情绪;对行为有偏差的学生,不能及时与其家长联系,错失了对学生进行教育的最佳时机。

3. 社会环境的消极影响严重抵消了德育实效

我们从小学就教育学生"为中华之崛起而读书",道理讲了很多,但是,效果并不理想。究其原因,当前,社会上的各种不良风气和丑恶现象给学校思想道德教育工作带来了很大的负面影响。例如,多种原因加上媒体的宣传都给人以带"洋"字的事物信誉好、品质高、影响大的印象,人们也常有"这孩子有出息,以后准会出国"之说,这些信息让孩子们很容易得出结论:"中国就是不如外国好。"一些不健康的录像、书籍、游戏、网站等,充斥着色情、暴力等内容,对尚未成熟的

中小学生极易产生腐蚀作用。学校、课堂所进行的思想道德教育常常被社会上存在的不良风气和丑恶现象所抵消,给学生留下的是苍白无力的说教,致使学生认为学校教育所宣传、灌输的都是假、大、空的东西。

4. 德育合力不强

学校教育、家庭教育、社会教育协调不够,相互配合不够紧密。有的学校不重视家庭教育或者根本没有这种意识,致使家庭教育滞后,家长没有真正发挥应有的作用;有的学校没有承担起培训家长、向家长宣传家庭教育知识和提高家长科学教育子女能力的责任。不少学校家长会制度不健全,有的甚至把家长会开成了成绩分析会。一些教师很少主动与学生家长联系,很少家访,学校与家庭缺乏必要的联系与沟通,没能形成教育合力。

5. 中小学生思想道德教育难度加大

由于受社会不良风气的影响,有的学生缺乏远大理想和高尚信念,在人生理想的追求上,存在迷惘和偏差。据调查,崇拜伟人和英雄模范的未成年学生不足20%,而崇拜歌星、影星、大款、大腕的学生却高达34%。不少学生认为,"只要有了钱,干啥都不难"。有的学生为了竞选班干部,竟用请客吃饭的形式拉选票。还有的学生贪图享乐,盲目攀比,追求高消费。部分学生赞同"人不为己,天诛地灭"的观点,一味要求别人对自己负责,而不懂得自己对社会、对家庭、对他人同样负有相应责任,缺乏对他人最起码的理解和宽容;在遇到挫折时,不是积极应对,而是陷入慌乱沮丧,动辄离家出走,甚至自残轻生。

二、学校德育面临许多挑战

改革开放和社会主义市场经济体制的逐步确立,既给德育工作带来了无限生机,又使学校德育面临许多新的挑战。进入20世纪90年代以后,我国社会全面进入转型加速期。伴随经济体制转轨带来经济的持续高速发展,以及由社会全面改革开放带来的西方的科学技术、价值观念的源源不断的输入,人们的思想观念发生了深刻的变化。社会变迁所造成的旧价值观念逐步解体,新的价值观念尚未有效重构。在新的条件下,如何对学生进行有效的道德教育,考验着学校教育者的智慧。

所有这些,就学校德育而言,都意味着德育环境的变迁。作为社会的一个子系统,学校必须完成社会所赋予的道德教化的任务,而班主任作为学校德育工作的主要承担者,必须重新审视新形势下学校德育环境的变化,相应地调整自己的措施,以保证德育工作的实效性。

三、中小学德育工作对策

中小学德育工作的现状,要求我们必须按照科学发展观的要求,以树立社会主义荣辱观和培养学生良好的行为习惯为重点,认真落实中小学生《守则》和《行为规范》的各项要求,不断提高德育工作的针对性和实效性。笔者认为,当前应着重从以下几个方面做好工作:

1. 强化班主任培训,提升班级管理水平

要切实做好班主任的选聘、培训、指导和考评工作,严把班主任任用关,把那些思想素质好、业务水平高、奉献精神强、热心班主任工作的优秀教师吸收到班主任队伍中来。要对优秀班主任在评先树优、评定职称、晋级提干等方面优先考虑,真正使班主任成为"令人羡慕的岗位",将"鼓励优秀教师长期从事班主任工作"落到实处。

班级管理在培养学生道德品质的过程中作用重大。要把班级管理当作学校管理工作的重点,进一步突出其在学校管理中的主体地位,加强对班级管理的组织和指导,建立健全班级管理评价机制,制订科学合理的班级管理评价标准,提高班级管理水平。

2. 深化校园文化建设,创建良好育人环境

要特别重视校园人文景观建设,充分利用精美的雕塑、醒目的标语、优美的草坪和花木等,营造良好的文化氛围,以陶冶学生的情操,起到怡情励志的作用。要利用好校园广播站、宣传栏、阅报栏等,努力建设健康文明的校园文化、教室文化和寝室文化,为学生提供相互学习和交流的平台。要通过校徽、校歌、校报、校风、教风、学风等展

现校园精神,让师生在学习和生活中自然而然受到校园精神的熏陶和激励。要建立、完善并充分利用好符合新课改理念的"德育活动室",使其成为学校进行德育工作的重要基地。要评选"校园文化建设示范学校"和"优秀德育活动室",以促进学校德育工作的开展。

3.积极开展系列德育活动,增强德育工作的实效性和针对性

中小学时期是学生的世界观、人生观从萌芽到初步形成的时期,也是学生的道德观念和思想信念逐步确立的关键时期。教师要在日常工作中一步一个脚印地认真下工夫,日积月累,潜移默化地开展教育。要在学科教学中强化德育渗透,重视学生思想道德品质的教育和良好行为习惯的培养,及时、正确处理学生的违规、违纪行为。要帮助学生从最基本的区分该做与不该做、分辨好与坏做起,使学生逐步明确行为规范和道德标准,逐步形成正确、高尚的道德信念和人生理想。以往的德育工作,大部分要求过高、过急,超出学生可接受的程度,欲速则不达,出现了动机与效果、愿望与现实的矛盾。我们要汲取以往的经验教训,真正从学生实际出发,恰如其分地确定不同阶段、不同年龄、不同群体学生的德育目标,根据学生身心和智力发展水平,分清层次要求,脚踏实地,循序渐进,逐步提高。教育者应从学生常见的行为和心理现象入手,抓住最需要解答的心理问题和最应该解决的心理矛盾,传授学生必需的知识,引导学生提高自我完善能力。

4.构建立体化德育网络,形成德育工作合力

学校要主动与家庭、社会密切联系,通力合作,达成共识,协调一致,使三方教育互为补充,形成合力,为学生健康成长提供良好的学校、家庭、社会环境。要实行全员德育工作制,把"教书育人,管理育人,服务育人"落到实处。要利用家长学校、家庭教育委员会、家长会、家访和"致学生家长的一封信"等形式广泛开展家庭教育宣讲活动,普及家庭教育知识,推广家庭教育的成功经验,帮助和引导家长树立正确的家庭教育观念,掌握科学的家庭教育方法,提高科学育子能力。

中小学德育是一项综合、复杂的工程，它贯穿于学校教学和管理的每一个环节之中，同时又具有自身的特点。我们必须高度重视，采取得力措施，把德育工作落到实处，努力把广大中小学生培养成为真正有理想、有道德、有文化、有纪律的社会主义建设者和接班人。

第二节　班主任德育工作的方法

一、德育工作对班主任的要求

班级是学校组织和开展德育工作的最基本单位。在班级中，无论是班级建设，还是班级活动，都离不开班主任。可以说，教师永远是学生在学习、生活中最直接的导向和榜样。班主任和学生朝夕相处，其言谈举止更是无时无刻不在影响着学生，班主任的素养及其履行职责的实践，直接关系到班级教育和管理的成效。班主任在德育管理中具有举足轻重的地位，起着十分重要的作用。

一方面，班主任自身要有高尚的思想品德。首先，要有无私的奉献精神，要不怕辛苦，不计得失，忠于职守，甘为人梯，把满腔热情和全部心血倾注到学生身上。这种无私的奉献精神会给学生留下终身难忘的印象，潜移默化地培养学生无私奉献的品格。其次，要对学生一视同仁，充分尊重和信任学生，偏爱、歧视以至于辱骂、体罚学生都是班主任工作所不允许的。另一方面，班主任还应具有较高的文化素质、心理素质和身体素质，具有较强的教育能力。教育实践证明，有什么样的班主任就会有什么样的班集体，具有良好的素质，是班主任胜任工作的基本前提。

班主任在德育工作中的职责，具体包括：

（1）按照德、智、体、美、劳全面发展的要求开展德育工作，全面教育、管理和指导学生，使他们成为有理想、有道德、有文化、有纪律、身体健康的公民。

（2）向学生进行思想政治教育和道德教育，保护学生身心健康，教育学生热爱祖国,树立为人民服务的思想和为实现现代化奋斗的志向,培养健康的道德品质和良好的心理品质,遵守《中(小)学生守则》和《中(小)学生日常行为规范》。

(3)教育学生努力完成学习任务。会同各科教师教育、帮助学生明确学习目的,端正学习态度,掌握正确的学习方法,提高学习成绩。

(4)教育、指导学生参加学校规定的各种劳动,协助学校贯彻实施《体育卫生工作条例》,教育学生坚持体育锻炼,养成良好的劳动习惯、生活习惯和卫生习惯。

(5)关心学生课外生活。指导学生参加各种有益于身心健康的科技、文娱和社会活动。鼓励学生发展正当的兴趣和特长。

(6)进行班级日常管理。建立班级常规,指导班委会和本班的团、队工作,培养学生干部,提高学生的自理能力,把班级建设成奋发向上、团结友爱的班集体。

(7)负责联系和组织任课教师商讨本班的教育工作,互通情况,协调各种活动。

(8)做好本班学生思想品德评定和有关奖惩工作。

(9)联系本班学生家长,争取家长和社会有关方面的配合,共同做好学生的教育工作。

二、班主任德育工作的方法

班主任开展德育工作的方法,不是干巴巴地说教,或者喊出慷慨激昂的口号,而是要润物无声,在班级各项工作中进行无形的渗透。

1.在班级管理中,渗透德育

在制定各种规章制度时,班主任必须注意渗透道德教育,这对于培养学生的组织性、纪律性、有条理的生活习惯、懂得珍惜时间、形成集体观念等都具有重要作用。要动员全体学生参加管理,做班级的主人。特别要注意引导学生自己管理自己、自己教育自己,引导学生自理,向学生讲明自理的重要性,在自理中形成良好的思想品德。班主任应有意识而又无痕迹地把德育融入班级活动中,在班级活动中,培养学生良好的品质,使学生能够充分发展与全面成长。

2. 在学生以学为本的同时,渗透德育

学生首先要有明确的学习目的和强烈的学习动机,这样学习才会有目标、有恒心、有毅力。周恩来正是抱有"为中华崛起而读书"这种崇高的学习目的,后来才成为人民敬爱的好总理。班主任在工作中与学生接触的机会最多,所以在学生学习过程中,加强德育渗透的任务大部分要落在班主任身上。为此,班主任可以采取多种形式或手段对学生进行道德教育。例如,班主任可以在利用开主题班会、讨论学生喜闻乐见的事情的同时,渗透德育;也可以通过组织学习小组,开展各种活动;还可以组织学生参观学习,创设和利用特殊情景,对学生加强道德熏陶。班主任要让学生在学习知识的过程中,明辨是非善恶,加深对道德规范的认识,在学好文化科学知识、增长聪明才智的过程中,形成社会所要求的良好思想品德。

3. 在学生的课外活动中,渗透德育

学生除在学校学习外,大部分时间都是在家庭中度过的。父母和子女之间有着不可替代的血缘关系和情感联系,家庭影响在学生品德发展中有着十分重要的作用。班主任要有效地教育学生,必须加强与家长的联系,了解学生在校外的活动,引导学生在社会环境中接受有益的教育和影响。同时,要注意帮助学生提高明辨是非的能力,抵制社会上的消极影响,促进学生身心健康地发展。

第三节 "时尚学生"呼唤"时尚德育"

时尚就是在特定时段内由少数人率先实施、而后来为社会大众所崇尚和仿效的生活样式。从这个极简化的意义上来说,流行时尚就是在短时间里一些人所崇尚的生活。校园是社会的一个缩影,是社会的一个子系统,社会上的各种流行因素,像季风一样吹拂校园。流行的不一定是健康的,社会时尚在校园中不一定是有益的,有些流行的东西甚至同流行感冒、流行瘟疫一样有害。例如:对于学生的手机使用、外表打扮、男女生交往这些行为该不该管?怎么管?谁来管?用什么方法管?管到什么程度?追求什么样的管理和教育效果?管理和教育的依据是什么?等等。对此,学校领导和老师左右为难,内心纠结,心烦不安,可能也做了许多做不好、不该做的事情;可能局限在政策边缘,游走于教育的钢丝线上。怎么办?很纠结。用老的一套方法和制度,管不了,也管不好,必须跟上时尚的步伐,追逐时尚的风格,运用一些时尚的方法,才可能取得效果。中学生的生理心理未成熟、抵抗力和免疫力弱,只有利用时尚德育手段,强化时尚德育因素,才能增强中学生的思想素质,促进中学生健康成长。在这里,我们不妨给"时尚德育"规定一个内涵,就是利用时尚一点的物质手段、时尚一点的管理行为和时尚一点的德育思想来进行德育,与学生的距离近一些,进入学生爱追求时尚的心灵和思想,走近学生时尚群体,进行有效的德育。

一、中学生的物质时尚诉求"时尚的德育物质"

据《扬子晚报》2012年4月17日报道,武汉大学思政课堂的"标准搭配"精美的课件、生动的讲述、让人身临其境的影音资料、广阔独到的视角……近年来,武汉大学结合90后大学生的特点,将动漫、流行语言、现场秀、新款网络游戏等青年学生喜爱的时尚元素引入思政理论课课堂,在新形势下尝试引导大学生树立正确的世界观、人生观和价值观,在思政教育改革中开出又一朵创新之花。使用时尚的德育物质确有事半功倍的效果。

美好的物质生活是人类的永恒追求,随着社会经济和科技的发展,人民的物质生活已步入小康。学生的物质生活水平也早已进入新时代了。在发达地区,平板电脑、MP3、MP4、苹果手机等应有尽有,对校园生活的影响如波涛汹涌。中学生的手机使用问题,就是一个令德育工作者头疼的问题。手机在几年前就如海啸之势冲进了中学校园,手机在学生手中,可能确有一些积极作用:通过虚拟网络推动学习;便捷通信,方便家长学生之间的联系;消息量大、传播快速,学生可以借此了解一些社会信息等等。但这些积极作用与中学生使用手机的消极作用相比,是次要方面。中学生使用手机,更多的是消极作用。①短信聊天,冗长频繁,学生乐此不疲,影响休息,贻误学业。有许多的学生不良交往,就是利用了手机这个工具。多数家长反映,孩子用手机谈论学习的内容少,用于同学之间闲聊或谈情说爱的多。②不良信息,玷污心灵。黄色短信、"黄段子"充斥其中,腐蚀学生心灵。③助长学生攀比之风。每到课余时间或放学以后,一些学生就会围在一起,相互"切磋"手机的款式和功能。④额外增加父母负担。⑤手机为考试作弊提供了条件。用手机舞弊是公开的秘密了,而且一条信息可以发给好几个同学,作弊的范围很广。⑥使用手机会妨碍学校的教育教学秩序。上课时有的同学手机未关机,突然来电话,影响全体同学听课。⑦手机对人有辐射。许多广告只说手机有多少多少先进功能,却从未提对人体有什么伤害。青少年正处在生长发育的黄金阶段,如果因为手机而对身体伤害,岂不追悔莫及。特别是在青少年时期,学生的身心还未发育成熟,缺乏控制力和清醒的意识,更容易产生很多教育问题。如果学生成熟了,每人发一支枪也不会有大的危害,如果是未成熟的幼儿,给他一支筷子可能都是很危险的。很明显,学生使用手机的问题应该管理。

问题是怎么管理?是坚决禁止学生使用手机,还是有条件地允许使用?坚决禁止使用,好像与社会潮流不符,与学生需要相悖,也好像侵犯了学生的权利,剥夺了学生的一些自由。有条件让学生使用,这个条件的尺度在何处?在什么地方、什么时间、什么环境下允许使用?手机的诱惑力太大,星星之火,绝对会带来燎原之势的,学生容易利用各种条件作掩护,形成立体使用范围。用什么方法来管,班主任和任课老师来管学生的手机使用问题,管不好,容易与学生形成面对面的对抗和冲突、"刺刀见红",不利于师生关系的构建。允许还是不允许学生使用手机,《中学生守则》和《中学生行为规范》并没有明令禁止,国家教育部门也没有明确的政策规定。凭老师的个人风格来管理,或凭老师的个人人格来管理,或凭老师的个人要求来管理,管理的底气不足,学生用与不用的变动幅度很大,学生可以听,也可以不听;可以听了再用,也可以用了再听,这让学校和老师左右为难。很多学校出台这样的规定:不提倡,也不反对,就像对待宗教信仰一样：宗教信仰自由。这种态度，实际上是对手机使用的一种放任和纵容，必然导致校园内手机普遍使用，负面作用越来越大。

能不能在学校的物质硬件方面加以改进？凡德育方面需要的物质时尚，尽量配备，再穷不能穷教育。学校的电子阅览室要足够，网络要向学生开放，课堂课件生动有趣、吸引力强，教室内电器优化，课堂上充满时髦装备，不"out"，电话等公益及时方便，等等。允许能规范使用手机的学生带手机等电器，可以每班级推荐几名，也可一个宿舍推荐一名，互相监督，优胜者获此权利，并让其他学生急需时使用。这些想法也许太大胆，有些做法也许太前卫，有些配备也许太苛求了，但总要想出办法来进行德育，总要想出有效的德育途径，时尚的德育物质、时尚的手段是现实的中学校园中重要的、迫切的诉求。不受欢迎的思政课能让人向往，武汉大学的做法让人深思、给人启迪。

二、中学生的思想时尚诉求"时尚的德育思想"

据凤凰网报道：3日晚19点30分左右，山东省东营市胜利第一中学八年级一班14岁的女生李欣玥从自家五楼的窗户跳下，14日早晨，因抢救无效，永远地离开了爱她的父母、亲友、老师和同学们。李欣玥为什么要跳楼？是什么原因让这个开朗、乐观、随和而又温柔的花季女孩，选择以如此极端的方式结束自己年轻的生命？尖刀又一次让我的心流血，为什么不能宽容一些，用一些时尚的德育思想来处理这些事呢！

中学生的仪表，从某种角度来说，是学生的个人问题，穿什么衣服、理什么发型、戴什么首饰、配备什么装备，反映出学生的思想和审美情趣，反映出学生的学习和行为要求，当然，对学生的成长、进步会产生重要影响，也是校园风气的一个方面。当今中学校园，确有许多不良现象。受社会多元化思想的影响，在全面开放和网络化的外在环境推动下，中学校园内学生的外表装饰千奇百怪、五花八门。女生打扮成人化，涂口红、描眉毛、染指甲、修皮肤、戴耳环、配项链等等。有的女生穿衣学电影明星，露背露肩甚至是露胸，穿紧身裤、超短裙。男生穿奇装异服也不少，身上叮叮当当，未见其人，先闻其声。发型多样化，以长为酷，以乱为美，以异为帅，以艳为靓。甚至有极少数学生纹身刺青。到运动场所一看，清一色的名牌鞋子，都是几百元钱的。时尚在校园蔓延开来，整个校园都沸腾起来、摩登起来，成了"俊男美女"作秀的舞台。这些是不正常的现象。中学生应该是青春活泼、单纯点；中学生追求时尚，应该健康、阳光些，这些打扮似乎早了点。等工作了、有了自己的收入，追求时尚才最潇洒。而现在我们用的是父母挣的钱！这无疑增加了家长的经济负担，家长们的"望子成龙，望女成凤"的愿望也很可能因此而泡汤。外表装饰，青少年应有别于成年人。中学生在衣食打扮、用品等方面花过多精力，刻意追求时尚，势必影响学习，影响学生全面进步。学习才是学生的首要任务！全面进步才是学生的需要。一身运动装配一张青春的脸、或统一的校服、或朴素的穿着，健康的身姿就是我们心中最标准的学生、最美的学生，同时也是最时尚的。而学生注重穿和吃，带来的问题不仅仅是影响学习，思想的腐蚀、行为的奢侈、同学之间的不良交往、早恋等问题也会接踵而至。这些问题应该管，肯定是没有争议的。

我们不是腐朽老夫子，也不是封建卫道士，不想过多地干涉学生的自由和权利，但是，怎么管理？外边的世界很精彩，外边的世界也很无奈。面对社会时尚和流行浪潮的冲击，教育、管理的效果弱化了，不好管。虽然《中学生守则》和《中学生日常行为规范》都有明确规定："积极参加劳动，勤俭朴素，自己能做的事自己做。""穿戴整洁、朴素大方，不烫发，不染发，不化妆，不佩戴首饰，男生不留长发，女生不穿高跟鞋。"但具体的尺度不好把握，具体的程度不好控制，具体的方法不好掌握，具体的措施不好明确，具体的权限不好规定。再加上不同的人有不同的标准、不同的观点；不同的学校有不同的要求、不同的制度，舆论的不健康导向、错误管理个案的渲染让这个问题变得复杂起来，不好管。以前媒体披露的学校强行剪学生的头发，有的学校强令学生不得穿短裤、穿超短裙，有的学校规定学生不得穿奇装异服，有的学校规定学生不得化装等等，都曾引起学生的不理解甚至反感，引起社会舆论的过分渲染。

思想是行动的指南，要改变现状，应有时尚的德育思想，让时尚的德育思想来充实学生的头脑,让学生形成正确的审美情趣和价值观;能不能在校园内培育德育时尚,由有影响的先进学生引领时尚,传播时尚,制造时尚?能不能将统一化的尺度放宽一些,能不能允许个别另类学生有一个改正的过程?引领、制造、传播、辨别、筛选、交流、继承、发展、创新时尚等等,应成为时尚的德育思想内容。接纳、宽容、理解也是一种德育学识和德育涵养。

三、中学生的行为时尚需求"时尚的德育行为"

据凤凰网报道,从 4 月 11 日开始,盘锦辽河油田第三高中的学生们议论较多的是一个下跪的事。4 月 1 日,辽河油田第三高级中学高一女生小梦(化名)在自己网络空间写了一句大意为班主任老师某某去死的话。这句话很快就传到了班主任老师耳朵中。4 月 11 日,老师把学生家长找到学校。在走廊内,老师向孩子父亲说了事情经过,随后,老师先进入教室。之后,女孩走进教室,在讲台上,当众向老师跪下。据称,老师在走廊里说,如果孩子不下跪,就不用上课了。在全班同学都在教室的情况下,高一女孩在讲台上向老师跪下了。让学生下跪,什么时代了,还有这种木乃伊式的德育行为?

时代在发展,社会在进步,学生也因营养丰富、体内荷尔蒙增加,成熟较早,行为多元。加上各种影视剧的宣传导向、网络环境的浸染,学生的行为越来越社会化、成人化。校园内有极少数学生出现抽烟、喝酒的行为,甚至有赌博的行为。这些现象不利于学生的成长。下面重点就中学生中异性交往过密现象来谈谈看法。在中学校园里,学生异性交往越来越多、越来越低龄化、问题越来越突出。有的学生在网络 QQ 聊天时,直接称对方为老公、老婆,一对一对的。有个班级 46 个同学,全部配对成功,还称"肥水不流外人田"。少数班级中学生早恋存在攀比现象,说什么你有我有大家都得有;帅的人才有艳福,没有女朋友可能就是没有吸引力、长得不漂亮;美女同学才有男朋友,剩女就是丑女,没人要了才丢人。有的男生甚至有"三妻四妾",什么"大老婆、小老婆"的。有的男女学生放学后,搂腰挎膀子,成双结对地出入;有的男女学生晚自习结束后,月上柳梢头,人约黄昏后。夏天到了,男女学生衣衫单薄,有的拥抱接吻,个别学生甚至旁若无人。节假日,有的学生不顾父母的反对,想方设法钻空子外出,俨然一对情侣。草坪上,男女学生公然睡在一起,旁若无人。男女生交往过密,必然带来早恋问题,与早恋问题相随的,就是男女生的性交往问题、未婚先孕问题。不要说学生的学习了,与此类问题相伴而生的就是家庭的矛盾、学生思想的滑坡、行为的不检、打架斗殴,甚至是犯罪等等社会问题。两个懵懂的青少年情感、心理、思想都不成熟,虽然能谈情,却说不出爱为何物,往往把对异性的好奇当成爱。青春期的冲动也容易造成学生的出格行为,对学生的身体和学业造成不好的影响。男女中学生交往过密、早恋的问题,应该管、必须管。

但是,怎么管,管到什么程度,用什么方式管等,常令教育者左右为难。管,不能过分强硬,否则容易带来后遗症,使学生形成叛逆、破罐子破摔的心理。特别是对女生,处理这些问题不能太张扬,得保护她们的自尊,顾全她们的面子。男女生交往,什么程度上就是过密?什么样的状况就是非正常接触?如果两个学生心中没有这个意图,亲密些的动作也不能算作不正常接触;如果两个学生心中有这些想法,即使像篮球比赛中那样采用人盯人战术,一人管一人恐怕都管不住。有的学校规定男女生交往的距离不得短于44厘米;有的学校规定男女生不得单独相处;有的学校规定男女生不得有身体的接触;有的学校要装电子摄像头;有的学校对此睁一只眼闭一只眼,觉得多一事不如少一事。不少学校明令分层次处理:"第一次先写检讨和保证书,由班主任、年级组或政教处对男女双方进行正面教育,并给予当事人警告处分;重犯者请家长到学校与校方共同教育,然后由家长带回去反省3至7天,在当事人认识提高以后,校方可让该生回校学习,并给予留校察看处分。再次违犯者勒令退学,由家长领回家或由学校送回。"我们姑且不讨论这些做法的合法性,但可以明确地说,这些措施都是无可奈何之举,效果不大,而且会引起学生的反感,甚至造成反面效果。比较常见的方法是:大张旗鼓地宣传男女生交往过密、早恋的危害,把大量的工作做在前面,培养学生正确的价值观和人生观,认清问题的实质和危害。让学生认识到男女同学交往不仅要互相尊重,也要求学生自尊自爱,与异性交往要注意时间、地点和交往的方式,把异性之间的感情控制在友谊的范围之内。同时制定严格的制度,让学生认识到高压线不能碰、不要碰,使学生不敢碰,把工作做在前面。再时时对学生进行提醒和约束,雷声再大一些,雨点可以小一些,尽量避免出现尴尬、纠结、为难的局面。这些做法的效果不是很好,有些男女学生依然我行我素。

鉴于上述情况,能不能创造一些时尚的德育行为,如让学生看一些择偶电视节目,如江苏台的《非诚勿扰》,讨论一下哪些男嘉宾能牵手成功?大多数情况下,学生会回答比较有成就的、有才华的人才能成功。由此引导中学生把精力放在积累自己的财富——学识和能力方面。或让交往过密的男女学生坐在一起,明确要履行对对方的责任和义务,明确制度要求,消除神秘感,时间一长,两人也会因有矛盾而自然分手。是否可以考虑运用QQ群、微博等方式进行思想品德教育?贴近学生生活,才能走进学生的心灵。

万事万物都是不断变化的,世界上唯一不变的就是变化。时尚实际上是变化的具体体现,是变化的先声。面对各色各样的流行时尚文化和当代中学生的个性化的追求,中学德育工作者更要树立这样的理念:没有个性,就没有创造性;没有变化,就没有德育的实效;没有时尚因素,就没有德育的时代性。

第四节　网络德育:学校德育新天地

在青少年学生成长的过程中,家庭、学校和社会同龄群体是三个主要的影响因素。而随着人类信息时代的快速发展,网络已经日益成为影响青少年成长的第四个因素。据2012年7月19日中国互联网络信息中心(CNNIC)在京发布《第30次中国互联网络发展状况统计报告》显示,截至2012年6月底,中国网民数量达到5.38亿,互联网普及率为39.9%,网民中学生所占的比例高达33%,其中19%的网民在学校上网。因此,对学校教育者来说,重视网络环境对于学生品德思想的影响是一个很迫切的现实问题。然而,目前大多数对此问题的研究都只是集中于网络对于青少年的负面影响层面,如网络成瘾、网络色情与暴力等,而涉及网络对学校教育积极影响的文章却很少。面对网络文化的冲击和挑战,学校的围墙挡不住网络的渗透,因此,学校德育工作应当以积极的态度适应网络的发展,充分利用网络的优势,因势利导,实施网络德育。

一、提高网络教育者的素养与互动

网络教育者是指教师和父母等可以直接影响学生身心发展的人。网络的普及与开展要求学校德育工作者顺应网络时代的要求,充分利用网络带来的便利条件,将学校教育和家庭教育两者结合起来。学校教育者可以召开网络家长会,对学生的学习、生活、思想、表现等基本情况建立个人档案,以供家长随时查看,便于家长与子女进行思想交流。还可以通过 BBS 建立学校网络德育论坛、QQ 群、微博等,使它成为教师和家长之间思想沟通的桥梁,让家长便于与教师进行直接的沟通,更多地了解孩子在校的情况,并针对学生成长中的思想问题进行讨论,找出相应的德育对策,形成教师与家长的对话制度。同时在 BBS 上长期开展对中学生价值观念、道德观念及生活方式影响的讨论,也可以聘请学生家长担任某些德育论坛板块的版主,针对现在社会中的一些不道德现象进行讨论,达成共识,在学校、家庭之间形成良好的氛围,以开阔教师和家长的教育思路,引导和帮助学生树立正确的价值观。

二、尊重学生的主体地位,寻找网络德育切入点

网络德育要想长效运行、取得实效,核心问题是落实网络德育的主体地位,贯彻德育网络为学生服务,由学生自行建立、自主管理、自我发展的方针。落实学生的主体地位,一是指德育网站要以学生为本,坚持以学生为网站服务对象,为学生搭建有利于全面提升素质的平台;二是要在网上以"德育"为核心,为学生提供全方位、立体式服务,为学生成才提供全程、全面的支持和引导;三是以学生为网站建

设和管理的主体,尊重学生的主体地位,了解学生的兴趣,寻找网络德育的切入点。上网已成为当代中学生业余生活不可缺少的内容。据调查,中学生上网目的依次是下载音乐、搜寻信息或新闻、交友聊天、游戏娱乐、网校学习、发电子邮件、满足个人爱好、研究有趣味的问题等。学校德育工作者要做的是面对现实,承认学生兴趣,寻找网络德育切入点,然后设法将学生的兴趣引到正轨。在日常教育中,既要关注现代社会中先进的社会思潮,又不回避社会上、网络上传播的某些反面信息,包括社会现象和学校风气中的不良表现。要用学生网民容易接受的方式来引导学生用科学的观点分析这些现象,巩固和完善他们的价值观,帮助他们确立理想和信念。

三、加强校园网络建设

实施网络德育需要加大校园网络管理力度,屏蔽不良信息。美国几乎所有联网的公立学校(96%)都采取了不同的技术或程序防止学生接触不良网络信息。另外,在学生使用的计算机上,99%的学校采取了防止有害信息侵袭的措施,在采取的措施中,91%的学校有教师或其他人员监控学生上网,82%的学校有需要家长签字的书面合同,77%的学校有需要学生签字的书面合同,52%的学校使用监控软件,41%的学校制定了道德准则,32%的学校只允许访问内部局域网,绝大部分学校在校园网络系统中安装如防火墙、杀毒软件、屏蔽软件等设备来抵御不良信息的入侵。此外,还可以开设学校信箱、校长热线、教师答疑、同学心声、家长进言等栏目,利用信息技术创设交流平台,进行平等对话、协商和答疑等德育活动,实现心灵的沟通。还可以建立学生档案,对学生家庭、学习、思想品德、行为等方面进行电子化档案管理,建立相应的数据库,让教师、班主任、学校领导都能及时查阅每个学生的相关情况,特别是对后进生进行有效跟踪,从而有针对性地对学生进行个性化的思想品德教育。

四、开展丰富多彩的校园网络活动吸引学生

网络德育还需要以适合学生喜好和学习需要为宗旨,积极营造

健康向上的网络氛围,使它成为对学生进行思想交流的窗口。学校应开展以学生为主体、以校园网为载体的丰富多彩的网络活动,调动学生的参与热情。只有这样,才可能真正地"网"回学生。为此,学校一方面可以针对学生渴望进行思想交流的特点,开设网上学生论坛,定期推出学生所关心的话题,让学生、教师展开自由讨论,以利于学生明辨是非,坚持正确的观点;另一方面在校园网上可以不定期地开展各种主题活动和竞赛,组织学生尝试进行专题性的创作,例如网页制作比赛、电脑绘画大赛等活动,让学生到大自然、社会、网络中搜集素材,制作自己的主页。不论"优等生"还是"劣等生",都可以在这里充分发挥他们的天赋和才能。学校也可利用网络的虚拟性,根据不同的教育目的,设立虚拟校园、虚拟社区、模拟法庭等栏目,让学生参与活动,并交流、讨论一些大家感兴趣的问题,例如"如何对待早恋"、"道德警戒线"等活动。此外,应针对中学生希望了解新鲜事物的特点,利用国内外热点问题和社会关注的话题,结合当前政治形势,制作与之相关的精美的网页、健康有益的栏目来吸引学生。要发挥校园网络的整体优势,适时地向学生宣传健康向上的价值观和道德观,创造优良的网络氛围,形成正确的舆论导向。

第六章　班主任工作艺术

班主任工作是一项艺术活动。班主任工作艺术是班主任教育能力、教育素养、教育风格、教育机智和教育思想等方面素质的综合反映。它通常是班主任在教育实践中所表现出来的精湛、娴熟、巧妙、显效并带有鲜明个性化特点的教育教学技艺,是在长期教育实践中锻炼、造就的一种能力,是教师在教育实践中刻苦钻研教育教学规律、仔细琢磨并了然于胸的教学技艺。

第一节　后进生转化艺术

一、后进生的定义

所谓后进生,是指智商水平与一般学生相当,但在学习或品德方面落后于其他学生的那部分学生。

二、后进生的一般特点

在班级中,后进生总占有一定的比例,因此,班主任在对他们进行转化的时候,必须了解他们的一般特点。

1. 自尊心与自卑感的矛盾心理

人都有自尊心,人都渴望得到他人的尊重,后进生也不例外。但他们在某些方面落后于其他大部分同学,比如学习成绩落后、思想不积极、品德不够好等,因而容易产生自卑感。自尊心和自卑感常常成为后进生矛盾的心理。

2. 渴望信任与对立情绪

后进生同其他青少年一样,期望得到老师和家长的信任,以施展自己的能力,从而实现人生价值。但他们会因固有印象而受到老师和同学的歧视和嫌弃,于是产生这样的想法:"为什么他们会这样对待我?"如果这种状况得不到及时改善,就会在后进生身上逐渐形成逆反心理和对抗情绪,长此以往,将阻碍学生的身心发展。

三、后进生的转化工作

针对后进生的一般特点,班主任可以采取以下一些具体的措施:

1. 进行爱生教育

热爱学生,尊重、关心学生,是争取学生的信任、开展思想教育的基础。对违纪学生,不能嫌弃、冷淡,不能讽刺、嘲笑,更不能进行体罚或变相体罚。

2. 发扬积极因素,克服消极因素

"金无足赤,人无完人",世界上没有十全十美的人。因此,班主任要独具慧眼,善于发现后进生的优点,帮助其克服缺点。只有这样,才能有效发挥后进生的长处,激励他们上进,以促其转化。

3. 利用集体力量

马卡连柯很重视通过集体对学生进行教育。他说:"只有建立了统一的学校集体,才能在儿童意识中唤起舆论的强大力量。这种舆论的力量,是支配儿童行为并使它纪律化的一种教育因素。"实践证明,在良好的班集体中,一部分后进生可以在良好环境的熏陶下,在优秀生的帮助下,逐渐进步,积极向上。因此,班主任要充分发挥班集体的力量去转化后进生。

4. 与家长合作

老师、学生和家长是良好教育不可缺少的三个方面。在老师和学生之间,家长起着重要的作用。因此,班主任在转化后进生时,要注意与家长配合,充分发挥家长的作用,积极有效地鼓励后进生进步。

案例

心灵与心灵沟通　生命与生命对话
——关于一个后进生转化案例的简单思考

武小东

学生李刚(化名,为保护学生隐私,隐去真名),成绩倒数,性格孤僻,吸烟成瘾。一次值日时他没扫地,晨读时正坐在位子上吃早点。我站在前面,向他招招手,轻声细语地说:"李刚同学,你今天怎么没扫地呀?"他呼地一下站起来,将吃剩的包子往桌子上一扔。我又向他招招手:"来,什么原因不扫地呀?"他气冲冲地对我说:"我就是不想扫!"说完头狠狠地歪向一边。我想,当时我额上的青筋一定条条绽出,但我竭力克制自己,没有当着全班同学的面发火。我深深地吸了一口气:"不管是什么原因,我们任何人都没有理由值日不扫地。我今天可以请其他同学扫,但你必须在下周一之前告诉我,到底是什么原因让你如此冲动。"其他同学都把眼睛瞪得大大的。

事后,经多方打听,我得知,该生从小寄住在外婆家,父母长年在义乌做生意,根本没有时间过问孩子,与孩子的交往就更少。家长每次打电话总是说:"考得又这样差,没一点长进,真丢人啊!"第二天晚自习结束时,我对他说:"你的情况我知道了。心里有什么烦恼和怨气,可以换一种方式发泄。昨天你那样,太没风度了。"

再后来,他数学作业没做,任课老师在晚自习辅导时和蔼地说:"不做作业哪行?"他竟然跟老师吵了起来,说这样的学校老师还敢打人,真有愧于示范高中的称号。结果事情闹到政教处、校长室,大家很不开心。我对他说:"许多人你可能还不熟悉,大家也不熟悉你;我能包容你,但我们每个人在心底也要包容人家。平等对话可以说明一切,也可以消融一切。"后来师生对话消除了误会。在日记中,李刚写道:冬天来了,春天还会远吗?

鉴于他曾有四年吸烟史,强迫他一下子戒烟不现实:首先,他自己毅力不够强；他周围朋友们吸烟又给了他刺激。他也曾经作过几次努力，但总是戒不掉。在做通了周围朋友的工作后，我告诉他：要你一下子完全戒掉烟是有一定的难度，但能否先做到不在校园吸烟，然后再做到在校外也不吸，最终把烟戒掉？看到老师如此理解他，他咬咬牙点头答应了。尽管偶尔还躲到厕所里吸烟，面对老师理解的目光和关怀，最终他还是把烟给戒掉了。

又过了两个月，学校放暑假了。我问他："这次放假，去义乌，还是等你妈回来？""等我妈回来。""要不要我写一封信？我不勉强你。""写吧，我拿给我妈看。"他坚定地说。

写什么呢？我推开背后的窗户。学校喷泉里有小鱼儿浮出水面，呼吸着新鲜空气，在金黄的阳光下，一闪一闪的，是生命在灵动吧？

"尊敬的李刚同学家长：感谢你们把孩子送到我校我班，这是你们对我校和我本人的信任，谢谢你们了。孩子是我们的，更是你们的。孩子要吃饱要穿暖，更要学好。他们不是牛羊，不能往青草旁一拴就不管了。我们还要深情地注视着他们，给他们梳理梳理毛发，看着他们健康、快乐地成长。哪怕是拍一下孩子的肩，抚摸一下孩子的背，和孩子共看一次电视，与孩子聊一次天，孩子也会亲近我们的……"当晚，李刚的妈妈就给我打了电话。后来，孩子在假期里经常向我汇报学习情况、交流思想，开学后每天都问我一两个问题，每次值日都把教室打扫得一尘不染，如有哪位同学忘了值日，他都会主动地替补上去。学期结束，他获得了进步最快奖，总分进入班级前20名。此后，该生家长每周至少打一次电话给我，了解孩子的情况，有时还写信给孩子。

【分析】

转变后进生不是不可能，也不是很容易，有这样几点想法与大家探讨：

1. 要用爱去温暖学生的心

爱是世界上最美丽的语言,是师生之间最有力量、最自然的连接点,是教育的基础,没有爱就没有教育。著名教育家巴特尔曾经说过:"教师的爱是滴滴甘露,即使枯萎了的心灵也能苏醒;教师的爱是融融的春风,即使冰冻了的感情也会消融。"实践证明:"受害的花朵更爱春天,后进生更愿接受教师的温暖。"

2. 学会尊重,学会理解

人性中有最本质的渴求——渴望得到别人的尊重。其实每个学生的心灵深处最强烈的渴求和所有成年人一样,就是希望能得到别人的尊重。得到尊重是学生生命成长中的一种无形的力量,教师越尊重学生,越注意讲话方式,越严格要求自己,学生就会感到是和教师平等交流,就越尊重老师,就会觉得教师值得信赖,从而"亲其师,信其道"。苏霍姆林斯基说过:"教育的核心就其本质来说,就在于让儿童始终体验到自己的尊严感。"给孩子以尊严,就是老师给了自己尊严。

3. 多与家长联系,争取家庭的理解、支持和配合

转化后进生并不是班主任一个人的事,需要家庭、社会、学校多方联动协作,形成合力,综合治理,共同努力,才能做好后进生的转化工作。

4. 要撒播阳光在别人心中,总得自己心里有阳光

教师是社会先进文化的代表者和传播者。教师虽不是普罗米修斯,但总是知书达理之人,因而要时时注意自身的形象,严以律己,踏实磊落,虚怀若谷,孜孜进取,不断提高自己的感召力和人格魅力。要真正站在孩子的角度,从孩子长远发展的高度,认识孩子身上的一切优点与缺点,用自身的阳光去放大孩子的优点,消融孩子的缺点。自己心里有了阳光,就可能和孩子进行一种心心相印的交流,才可能真正打开孩子的心扉,与孩子同心协力,开掘知识的汩汩清泉,不断提升师生的人生品位,用自己的行动撒播人文的阳光。正如雅克贝尔斯所说:教育是人的灵魂的教育,而非理性知识和认识的堆积。

5. 缺陷是福，不要苛求

上苍在每个人的生命中都划了一道缺口。应还学生以"人"的面目，不要对其要求太高。自古以来，人们都想事事追求完美，事事追求崇高，但人人都追求神圣是脱离社会现实的，也是一件痛苦的事，是毒害人自在心灵的诱饵，因为这世界本来就不是完美无缺的，也没有完人、圣人。当然这绝不是放低对学生的要求，而是合理、公正地对"人"进行定位。正所谓"完美是毒，缺陷是福"啊。岂能事事如愿，但求无愧于心。

6. 师生沟通，从心开始

有时我常常想：个体生命充其量是一次短暂的旅行，我们真正要做和能做的有如同一车厢的旅友真心地交流，和另一颗心真诚地对话。其实，是缘分使我们与学生成为这次人生之旅中同一车厢的旅友，我们每一个人都应该倍加珍惜这次短暂的旅行，好好地交流沟通。每个人身上都可能潜藏着某种不为人知的天赋，它是上天埋在我们生命里的金矿——让心灵与心灵真诚地沟通，让生命与生命自自然然地对话，差生将不再差！

第二节　批评学生的艺术

一、批评的艺术技巧

学生有了缺点、错误，教师理应坚持原则，采取负责任的态度，给予严肃的批评和热情的帮助。然而，批评不是单纯的指责和训斥，更不应该讽刺、挖苦、不尊重人格，否则会事与愿违。怎样才能使批评达到事半功倍之效呢？

1. 不要轻信"眼见为实"

批评学生的错误要注重事实，但不要被"眼见为实"蒙住了眼睛，还要注重事实背后的原因。公元前489年，孔子和他的学生走到陈国与蔡国交界地区，被围困了整整7天，期间没有吃一粒米。后来颜回弄到一点米,连忙烧火做饭。饭快熟了,孔子看到颜回迅速地从甑里抓了一把饭吃了。不一会儿,颜回恭恭敬敬地来拜见孔子,请他进餐。孔子假装没看见颜回抓饭吃,从床上爬起来,对颜回说:"刚才我梦见了死去的父亲。饭要是干净的话,我想祭奠祭奠他老人家。"颜回说:"这饭不干净,不能用来祭奠。刚才有烟灰掉进甑里,脏了,倒掉可惜,我便抓出来吃了。"孔子叹了一口气,说道:"可以相信的是自己的眼睛,但是,看来眼睛也不能完全相信啊!"

读了这则故事,我想起身边一些教育事例。常见老师横眉竖目地批评学生犯了错误不承认,为了强调其正确性还会抛出"我亲眼看见了"。但所见未必真实。虽说"耳听为虚,眼见为实",可有时作为教师,还是应该学习孔子,把心态放端正,讲究一些策略,用恰当得体的话语把事情弄清楚、问明白,与学生及时沟通,让他们体会到你的坦诚、真实、慈爱。

如果真地如你所"见",也不要说话过于生硬,否则会使矛盾激化,使冲突升级。"事与愿违"和"背道而驰"是任何一个教育者都不愿看到的结果。

2. 批评要讲究艺术

(1)批评须先贴心。现在的青少年不再轻易地买"良药苦口利于病,忠言逆耳利于行"的账了。他们面对自己所犯的过失,常常忽略自身的主观因素而夸大外界的客观原因;面对教师的批评,也常常怀有防范的心理,甚至抱着敌视的态度。如果我们教师批评学生时没有顾及这些变化,依然一味地尖锐批评和严厉指责,那就不仅达不到批评的目的,反而会把矛盾激化。这就要求我们教师在批评学生时,必须像儿科大夫用"药是甜的"来规劝患儿用药一样,首先说些贴心、关怀的话,以此来解除他们的防范心理,拉近师生的心理距离,给"批评"创造一种良好的条件和气氛。

(2)批评重在晓理。人一般是在不明道理或不甚明道理的情况下才出现言行偏差的,中小学生更是如此。所以,我们在批评学生时,要把侧重点放在晓理上,当然,也要晓之以利害,只有把他们所犯错误的主客观原因及其危害分析透彻,并晓之以改正错误的意义和途径,才能使批评收到良好的效果。如一名学生爱打架斗殴,学校虽给予他纪律处分也不见成效。后经反复向他宣讲我们中华民族这个礼仪之邦的优良传统和贯彻《中学生日常行为规范》的意义和作用,并结合某校两名学生因打架致人伤残而被劳教的典型事例,对他进行耐心的疏导,他才有了明显的转变。

(3)批评要促其知耻。在道德生活中,羞耻感是十分重要的道德情感。它能使人谴责与匡正自己不良的行为动机。马克思称羞耻感为"内向的愤怒"力量,认为人若丧失了羞耻感,道德就很难对他发生作用了,其缺点错误也就很难纠正了。因此,历代的教育家、思想家都十分重视培养人的羞耻感,并将其作为"立人、立德"的根本。顾炎武认为,"廉耻立人之大节","耻尤为要"。所以,批评要善于促使学生树立羞耻感,并善于利用学生的羞耻感,使其克服缺点、改正错误。帮助学生树立羞耻感要以热爱学生为前提,要做到一分为二,恰如其分,尊重人格,启发自觉,切不可用"没羞没臊"、"脸皮八丈厚"、"不知羞耻的东西"等语言挖苦学生。如若不然,就很容易使学生产生抵触情绪和逆反心理。一位留过两次级的高二女生曾因和师生发生矛盾而三次轻生,搞得满城风雨。我们在"评"其"过"时,向她讲述了人生的价值和意义,鼓励她自尊、自爱,努力塑造自己的人格形象,这样就调动起了她的积极情绪。

(4)批评不忘扬长。每名学生都有其优点和长处,后进生也不例外。只有善于发现他们的优点和长处,并使之发扬光大,才有可能帮助他们找到克服缺点的正确途径。正如《学记》中所说:"教也者,长善而救其失者也。"所以,我们在批评学生时,不能否定一切。要将批评与奖励紧密结合起来,力求客观、准确,抓住主要矛盾,要"打盆说盆,打碗说碗",尽量避免算旧账。这样,才能使其心悦诚服地识"短",坚决主动地抑"短",自觉坚持"以己之长化己之短",达到彻底改正缺点和错误的目的。

(5)批评必须激志。志向是鼓舞人们前进的精神动力,它能使人产生内驱力。一个人的志向越远大,其内驱力也就越大,社会责任感也就越强,正像高尔基所说:"一个人追求的目标越高,他的才能就发展得越快,对社会就越有利。"所以,我们对学生进行批评的时候,要与激志结合起来,要激励学生"为中华之崛起而读书",争做"四有"新人。

二、批评学生的方式

及时发现学生的缺点与不足,予以制止并帮助其改正,是班主任管理工作的一个必不可少的环节。但采取什么样的批评方式,才能让学生乐意接受,才能达到我们希望的教育效果,却是一门高超的艺术。批评学生的方式主要有:

1. 一针见血式

部分学生犯了错误很难自我认识,而且性情固执,不愿意认识和改正错误。对这类学生的批评,不要含糊其辞,应把错误直截了当地指出来,使批评富有针对性,从而达到快速教育的目的。

2. 启发暗示式

对于不易接受"一针见血"式批评且缺点错误又不十分严重的学生,应该采取启发、暗示、诱导的方式,用委婉的言语达到批评的目的。

3. 点到为止式

对于自尊心很强、自觉性和悟性较高的学生,批评尽量不用激烈的言辞,也不能喋喋不休,只须指出问题,指出危害性,点到为止。

4. 鼓励批评式

对于一些心理承受能力较差的学生,一般宜通过鼓励达到批评的目的,使他们从鼓励中发现不足,看到希望,增强信心。

5. 春风化雨式

通过促膝谈心,在双向交流中,进行和风细雨式的批评。此法回避了在大庭广众面前对学生的批评,使学生不至于产生逆反心理和对抗意识。在谈话中,教师应表情自然、态度温和、富有人情味,应说理充分、语言确切、恰如其分,不夸张、不上纲、不讽刺、不挖苦,当然也不要护短,教育要深刻。虽不声色俱厉,却能触及心灵。

6. 幽默风趣式

批评学生时,教师可根据具体情况用富有趣味、令人发笑而又意味深长的言语,来引发学生的深思,激发其内省和进取的驱动力。在轻松的气氛或笑声中,在幽默含蓄的批评中,让学生知错明理、自我纠正。当然,幽默含蓄不等于讽刺挖苦,应该让学生在幽默的交谈中体验到教师的爱。

案例

我冤枉了他
—— 批评与自我批评的艺术

张月发

上课铃响了,我又开始了例行的巡查监督工作,同学们都很快地跑回教室。过了一会儿,任课老师也进了教室。第二遍铃响过后,我的目光刚要移开,突然看见我班颇为顽皮的男同学刘刚慌慌张张地跑进教室。我当时就想:"这小子肯定是课间跑到操场上玩去了,才会迟到!这是我亲眼所见,准没错!"

一下课,我就走进教室,把他叫到讲台前,严厉地批评他上课迟到。平日里大大咧咧的他一下子急了,我分明看见眼泪在他眼圈里转。

"您冤枉人,我根本没玩。下课了,同学们围着刘老师问问题,刘老师叫我帮她把作业本送到办公室去,这才晚的!"

我的脑子"轰"地一下懵了:是呀,我怎么忘了,为了调动他的学习积极性,我和刘老师商量好让他当数学课代表的呀!我知道错怪了他,正要道歉,他却气呼呼地走了。

回到办公室,我的心里很窝火,心情也很沉重。这小子当着这么多同学的面儿甩手就走,把我甩在那儿,弄得我上不来下不去,真该好好收拾收拾他。但转念一想,我不也是这么对待他的吗!我在没有把事情搞清楚的情况下,几乎是面对全体同学不分青红皂白地把他批了一顿。而且,事实上,多数同学都清楚刘刚不是故意迟到的,而我的错误批评极大地伤害了他的自尊心,甚至有可能伤害到多数同学。同时,我也给同学们留下了一个极端粗暴的形象,一个不注重调查研究、仅凭固有印象而作判断的形象。想到这,我的心情更加沉重了,我必须尽快处理好这件事,以避免可能出现的负面效应。

当天中午,我把刘刚约到接待室,只有我们两个人。他僵直地站在我的面前,表情冷淡,稍微侧了一下身子说:"老师您批评吧。"

"对不起,刘刚同学,今天这事儿是老师做错了。"他的身体明显地动了一下。

"老师没有进行调查研究就当众批评你,冤枉了你。这是老师的错。"我接着说,"是我不好,心里对你有了成见,所以看到你迟到后,就不由分说地训斥你,这是老师的不对。今后我一定改,也希望你来监督。"他的身子侧转过来,脸上带着疑惑。

"其实老师心里一直很欣赏你。你聪明,反应快,对集体有爱心,乐于帮助同学。昨天打扫卫生时,你是第一个涮墩布擦地的,起到了带头作用。从这一点,就可看出你是一个极具责任感的人。只是老师没有及时表扬你,这也是我的错。现在老师向你道歉。"他怔住了,眼神里露出了惊讶。

"并且,老师决定在下午的语文课上对全班同学向你道歉,给你挽回影响。"

"不,老师,您别这么做。"他一脸惊慌地抢着说,"是我错了,不管有什么理由,我迟到了是事实,老师您该批评我。我下回再也不迟到了。"

听到刘刚同学的话,看到他态度的转变,我想,这是多么通情达理的孩子啊!他的话使我更加惭愧,也让我感到很欣慰。

在下午的语文课上,在全班同学面前,我郑重地向刘刚深深鞠了一躬。

"同学们,今天上午,老师犯了严重的错误。"同学都用惊讶的眼神瞅着我。

"刘刚同学上课迟到后,我不调查、不了解原因,就严厉地批评他,这说明老师是戴着有色眼镜看人。"教室里静得几乎连根针掉到地上的声音都能听得见。

"刘刚同学是比较顽皮,但他身上也有许多优点,比如带头打扫卫生,认真履行科代表职责等,这些都表现出他有很强的责任感。以往我更多地看到的是他的缺点。今天,老师决定把这副'有色眼镜'甩到太平洋里去,请全体同学监督我。"片刻沉寂之后,教室里爆发出热烈的掌声。

这件事发生之后,我进行了深刻的反思。

反思一:老师在批评教育学生之前,一定要想一想:事情搞清楚了吗?批评做到有理有据了吗?千万不能凭主观想象草率处理。如果处理不当,学生心里会想:"我就算改好了,老师也不会忘记我以前犯的错,也不会相信我!"这样很不利于学生改正错误。老师由于情绪急躁或一时不冷静会说出一些错话,如:"你真是咱们班的害群之马,我怎么会遇上你这样的学生!""你真是无药可救了,还是回家自学去吧!"这些给学生定性的、消极的语言,会严重伤害学生的自尊心,使他们失去努力改正缺点的勇气和信心,从而产生对立的情绪,教育工作将更难开展。

反思二:班主任发现对学生批评错了怎么办?班主任应该放下所谓的师道尊严的架子,在学生面前勇敢承认错误,并进行深刻的自我批评。事实告诉我,这样做不但不会影响自己的威信,反而更容易打动学生的心,能以教师的人格魅力感染学生。

反思三:不要让所谓的"眼见为实"蒙住了眼睛,而要树立正确的学生观。亲眼所见的也许只是表面现象,其中的原因可能很复杂,要进行调查研究。这次错怪学生的教训是深刻的,这是一种错误的学生观造成的,是对后进生的成见使然。班主任一定要树立正确的学生观,不能用一成不变的眼光看学生,应该用发展的眼光欣赏学生,要时刻关注学生取得的每一点进步。

【分析】

批评是在学生犯了错误时使用的一种有效的教育方法。它是一种"负强化激励",运用得好可以使学生终止错误行为,形成正确行为;批评错了也会伤害学生的自尊和人格。因此,需要教师特别是班主任高度重视,慎重使用。事实证明,批评错了的情况时有发生,大致有以下四种:一是过分相信"眼见为实",造成不该批评的批评;二是讽刺挖苦,以势压人;三是不分场合,不讲时机;四是不留余地,不给出路。一般情况下,老师对批评错了的问题是能够自我发现的,关键是发现了怎么办?这是考验老师"师德"的试金石,张老师敢于自我批评的做法给我们的启示就在这里。有的老师明知批评错了,为了维护自己的"师道尊严",却不敢承认,这样必然会造成师生关系恶化,老师的威信也会一落千丈。张老师的做法的确值得我们学习,错了就作自我批评,就向学生道歉,特别是对相对落后的学生,更不能戴着"有色眼镜"看他们,必须克服"后进生是出窑的砖——定型了"的错误心理。

同时,张老师从重视批评学生的缺点转为更加重视赞扬学生的优点,而且提出了多用赏识的眼光看后进生的观点是非常正确的。这充分体现了张老师具有正确的学生观和自我反思的能力。

【参考】

班主任批评学生的四种方法

杨素青

著名教育家陈鹤琴说过:"无论什么人,受激励而改过是很容易的,受责骂而改过是不大容易的。而孩子尤其喜欢听好话,不喜欢听恶言。"然而,和表扬一样,批评也是教育过程中一种常用的手段。可以说,每一个孩子的成长都离不开它。

法国心理学家高顿教授通过一项专题研究证实,那些难以接受批评的孩子长大后,也大多会对批评持"避而远之"或干脆"拒之门外"的态度。因此,班主任有责任让孩子学会接受批评,这对孩子的成长、人格的塑造、未来事业的成功,都具有重要的意义。

一个班级四五十个学生,他们每个人的思想状况、觉悟程度、心理特点不尽相同。要对学生进行批评教育,必须充分地了解学生,透析学生的内心世界,把握学生的不同特点,因人而异,才能提高批评的针对性和实效性。

一、对承受能力较差的学生,要事先"透透风"

批评前对学生先打个招呼,试探试探反应,"透透风",能增强学生的"承受力"。有的学生性格内向、心胸狭窄;有的学生脾气暴躁,自尊心太强。对这部分学生,老师必须在批评之前做耐心细致的思想工作,使其做好心理准备。

作为班主任,我得知班上女生美琳和马丽近来老"斗嘴",美琳还骂女生马丽和某男生"好"。我调查得知是因为两人为班级卫生值日引起的矛盾。考虑到美琳平时总是沉默寡言、猜疑心重,但又必须对两人都作批评,我决定先通通气。就在两人又"斗嘴"后的某一节课上,我说:"同学们最近学习很忙,马上要进行期中考试了,但是你们仍然注意个人卫生,打扮得干干净净的,这很值得表扬。我坚信,既然每个人都能把自己收拾得整洁,集体卫生一定能够做好;既然每个人能把自己的形象修饰得青春活泼,文明语言一定能够讲得好。不过,如果有不参加公共卫生的同学,或者讲不文明语言的同学,我们当老师的还是要进行批评的。当然,我们批评他,目的是帮助他进步,关心他成长,为了他今后走上社会有用,有事做,能做事,做好事,能够成为激烈竞争社会中的佼佼者。"这样,先透了一点风,让学生认识到老师的爱心所在,思想上缓冲了,不至于情绪过激,扩大矛盾。而老师通过这一招,则了解了对方的思想行为动向,为正式批评作了铺垫,明白应该把握的尺度,避免出现由于疏忽而伤害女生自尊心的情况。

二、对思想基础比较好的学生,要及时洒点"毛毛雨"

"毛毛雨",温言和语,蜻蜓点水,点到为止。有些学生很自觉，对自己一贯要求严格，思想基础也比较好，一般很少"犯规"。对这些学生，就"响鼓不用重槌"了。当他们偶尔出现失误，只需要及时对他们提个醒，"点到为止"，估计他们"听懂了"、"改得了"足矣，而没有必要像"念经"一样"大批特批"。过分的责备只会让学生厌烦，效果适得其反，也浪费时间。

学生钱峰很懂事，学习特别认真，平时也团结同学，尊敬老师，是个好学生。在高二几次学业水平模拟考试中，钱峰都取得了较好的成绩。而这让他有些飘飘然，上课也不认真听讲，有时还讲话。老师不忍心说他，因为他一直都是那么听话。作为班主任，我把他叫到办公室，告诉他："以前我所教高三某学生平时模拟考试分数都很高，达到一本线，但高考只达到专科线。关键要笑到最后。"轻声细语，钱峰明白了老师的一片真心，迅速端正了思想态度。采取这种方式批评学生，前提是情节轻微，尚未造成多大影响。

三、对深陷迷途不知悔改的学生，要重打"炸炸雷"

"炸炸雷"，严厉批评，阻止学生向坏的方向发展，而且必须"治"好。一般来说，如果学生犯规、出错不是那么严重，批评起来就没必要太严厉。按照现代教育的思想即是"软批评"，讲究技巧，讲究学生心理的可接受性。但是如果所犯之事有相当影响，而且对学生的成长会导致方向性的错误时，必须严厉批评，促其醒悟，阻止其继续"恶化"。

某中学前不久出了件事：学校几个男生受到社会上不良习气影响，成立了"青龙帮"组织，学习社会上那些"小青年"的做法，沾染上抽烟、喝酒、纹身、小偷小摸等等坏习惯。班主任得到信息后，马上召集该组织成员一针见血地批评："这已经不是违反纪律的问题了，这是违法！是你们自己往火坑里跳，想坐牢了！你们将毁了自己的前程，毁了自己的一生。如果不马上回头上岸，你们这辈子就完蛋了！当然，如果你们不在乎，不想过了，那你们就等着公安局来招呼你们吧！"班主任的批评，措词尖锐，语气激烈，气氛严肃，如雷贯耳，振聋发聩，对他们产生极大的震撼作用。同时,班主任又让家长协助学校开展教育,及时制止了这几个男生继续堕落。

四、对挨批后灰心丧气的学生,要及时"充充电"

"充充电",进行精神鼓励,促其进步。有些学生,挨了批评后可能一时还"回不过神来",而某些同学可能产生悲观情绪,自暴自弃,担心自己再也不可能得到老师的关爱、信任了,从而背上了思想包袱。对待这些学生,一定要做好批评过后的善后工作,要根据其实际进行调理,增加点精神营养,使之快快振作起来,重启前进的动力,鼓起信心的风帆。

王芳同学因为男生故意欺负她而骂了男生几句,恰巧被我遇上了,我训了她几句。她当时觉得骂人的确不对,受到批评是应该的。可过会儿她又想,哎,我骂人不对,他欺负我往我衣服上泼水就对吗?老师怎么没批评他?她心里觉得很不舒服。作为班主任,我发现自己粗心了。我及时找她谈了话,告诉她那天下午专门把那个男生叫到办公室"教训"了一顿,并把他的道歉书转给王芳同学:"我们批评你,也是为了你更好地进步。你各方面表现都不错,尤其是你的写作能力强,只要你坚持下去,一定会有大发展的。老师等着你成功的那一天。去好好努力吧!"一番话说得王芳心里暖洋洋的,"电"也足了,学习劲头更大了。

参考资料

[1]赵国柱.某中学班主任岗位职责.中小学班主任工作优秀案例,开明出版社,2010年1月.

[2]杨素青.某中学班主任工作规范.中小学班主任专题培训教程,开明出版社,2008年第1版.

[3]王桂荣.新班主任的"七个一".思想政治课教学,2010年第11期.

[4]郑立平.如何定位班主任的角色.班主任之友,2010年第3期.

[5]田丽霞.幸福生活从这里开始——写给新入职的班主任.班主任,2010年第9期.

[6]张影.做一个"知心"班主任.思想政治课教学,2012年第1期.

[7]李广中.班主任工作要有技巧.成才之路杂志,2010年第31期.

[8]舒达.做联系学生和科任教师的纽带.中小学班主任工作优秀案例,开明出版社,2010年1月.

[9]林祝.关注遗忘的角落——班主任如何关心和解决中等生的心理困惑.中小学心理健康教育,2005年第5期.

[10]范建兴.响鼓仍需重锤敲.中小学班主任专题培训教程,开明出版社,2008年第1版.

[11]舒达.中小学班主任工作优秀案例,开明出版社,2010年1月.

[12]王桃英.走向班主任专业化.班主任,2007年第1期.

[13]田恒平.班主任专业化成长的典型个案.班主任之友,2007年第2期.

[14]窦书梅.爱心传递——师爱,让每个学生都学会施爱.名师讲述班主任的核心教导力,西南师范大学出版社,2008年2月第1版.

[15]陈桂媛.一只"小老鼠"——了解真相才能有正确的应对.名师讲述班主任的核心教导力,西南师范大学出版社,2008年2月第1版.

[16]一节课备一辈子.中小学班主任专题培训教程,开明出版社,2008年第1版.

[17]发电影票的学问.中小学班主任专题培训教程,开明出版社,2008年第1版.

[18]鲍桂华."鲍鱼"风波——有胸襟,才能有应变.名师讲述班主任的核心教导力,西南师范大学出版社,2008年2月第1版.

[19]何丽娅.我给父母发奖状——让孩子理解父母的辛苦.名师讲述班主任的核心教导力,西南师范大学出版社,2008年2月第1版.

[20]班里进出个帅哥来.中小学班主任专题培训教程,开明出版社,2008年第1版.

[21]陈海燕.不是学生没有优点——帮他找到自信的切入点.名师讲述班主任的核心教导力,西南师范大学出版社,2008年2月第1版.

[22]万秋萍.做一个会说话的班主任.班主任之友,2006年第10期.

[23]对口味.中小学班主任专题培训教程,开明出版社,2008年第1版.

[24]程振起.略谈班主任威信的形成.安徽教育,2005年第2期.

[25]李少林.做一个让学生信服的班主任.班主任之友,2006年第10期.

[26]"融入新集体"主题班会.班主任,2011年第1期.

[27]常见班级活动组织管理的要点.中小学班主任工作优秀案例,开明出版社,2010年1月.

[28]班级活动选题的艺术.中小学班主任专题培训教程,开明出版社,2008年第1版.

[29]李英屏.新年贺卡——寻常活动中寻找教育的契机.名师讲述班主任的核心教导力,西南师范大学出版社,2008年2月第1版.

[30]班级活动的新法宝——数码相机.中小学班主任专题培训教程,开明出版社,2008年第1版.

[31]李明媚.心语墙——班级文化,打造班集体凝聚力.名师讲述班主任的核心教导力,西南师范大学出版社,2008年2月第1版.

[32]武小东.心灵与心灵沟通　生命与生命对话——关于一个后进生转化案例的简单思考.中学政治教学参考,杂志2010年第12期.

[33]张月发.我冤枉了他——批评与自我批评的艺术.名师讲述最有效的奖惩艺术,西南师范大学出版社,2008年2月第1版.